中華教育

【出版說明】

在文字出現以前，知識的傳遞方式主要就是語言，靠口耳相傳的方式記錄歷史與情感表達。人類的生活經歷、生命情感也依靠著「說故事」來「記錄」。是即人們口中常說的「傳說時代」。然而文字的出現讓「故事」不僅能夠分享，還能記錄，還能更好、更廣泛地保留、積累和傳承。

《史記》「紀傳體」這個體裁的出現，讓「信史」有了依託，讓「故事」有了新的準則：文詞精鍊，詞彙豐富，語言精切淺白；豐富的思想內容，不虛美、不隱惡。選擇人物一生中最有典型意義的事件，來突出人物的性格特徵，以對事件的細節描寫烘托人物的情感表現，用符合人物身份的語言，表現人物的神情態度、愛好取捨。生動、雋永而又情味盎然。

「故事」中的人物和事件，從來就是人類的「熱門話題」。她是茶餘飯後的趣味談資，是小說家的鮮活素材，是政治學、人類學、社會學等取之無盡、用之不竭的研究依據和事實佐證。

中國歷史上下五千年，人物眾多，事件繁複，神話傳說與歷史事實並存，正史與野史交錯互映，頭緒繁多，內容龐雜，可謂浩如煙海、精彩紛呈，展現了中華文化的源遠流長與博大精深。讓「故事」的題材取之不盡，用之不竭。而其深厚的文化底蘊如何呈現，怎樣傳承，使之重光，無疑成為《嗨！有趣的故事》出版的緣起與意趣。

《嗨！有趣的故事》秉持典籍史料所承載的歷史精神，力圖反映歷史的精彩與真實。深入淺出的文字使「故事」更為生動，更為循循善誘、發人深思。

《嗨！有趣的故事》以蘊含了或高亢激昂或哀婉悲痛的歷史現場，以對古往今來無數先賢英烈的思想、事蹟和他們事業成就的鮮活呈現，於協助讀者不斷豐富歷史視域和深度思考的同時，不斷獲得人生啟迪和現實思考、並從中汲取力量，豐富精神世界，在實現自我人生價值和彰顯時代精神的大道上，毅勇精進，不斷提升。

【導讀】

歐陽修，北宋人，他生活的朝代，離現在已是千年上下了。

歐陽修字永叔，號「醉翁」、「六一居士」，祖籍為今江西省吉安市永豐縣。他不到四歲就沒了父親，母親辛苦撫育他長大。家貧，無錢買紙筆，他的母親「以荻畫地」——用荻稈在沙地上教他寫字，又教導他學詩、學琴，學習做人的道理。

歐陽修很聰明，又特別勤奮，堅持不懈，努力學習。沒有書本，他就到隨州城南富戶李家借書、抄書，十幾年如一日，勤學苦讀。

考中進士後，他先是到洛陽為官幾年，後來回到首都東京（今河南開封），擔任館閣校勘。

宋仁宗慶曆年間，因支持、輔佐范仲淹革新，受人誣陷，遭貶滁州。在滁州，他寫下千古名篇〈醉翁亭記〉。他一生仕途坎坷，幾起幾落：數次遭貶，在好多地方做過知州。官至翰林學士、樞密副使（主管軍事）、參知政事（副宰相）。

歐陽修為唐宋散文八大家之一，文章平易，入情入理。他領導北宋詩文革新運動，提倡質樸文風，正本清源。他還是一名歷史學家，與宋祁共同完成官修《新唐書》，又個人完成私修《新五代史》。這兩部史書，都歸入了二十四史中。他還著有一部金石學的開山之作——《集古錄》。

歐陽修的詞寫得極美，在詞史上，他承上啟下：既繼承了李璟、李煜、馮延巳等五代詞人的優秀傳統，又啟發了後來的蘇東坡和秦少游的創作。

熙寧三年（一〇七〇年）改知蔡州時更號「六一居士」，六一指書一萬卷、金石佚文一千卷、平日消遣有棋一局、琴一張、酒一壺，加上「吾一老翁」，以書、酒自娛。晚年，由於在政治上與王安石意見不合，歸隱在景色優美的杭州，因為他喜歡那兒的西湖。六十六歲，病逝家中，謚號文忠。

目錄

引子　六字記，洛城花

幾名青衣男子，佇立河畔，均作低頭沉思狀。

宋仁宗景祐元年（一〇三四年），西京河南府（今河南洛陽），深春。

一隻大狗倒在道上，已然斷氣。

略為年長的男子昂首說道：「愚兄這就有了。不妨將適才所見記為——有犬臥通衢，逸馬蹄而死之。」

年輕些的男子評說：「太囉嗦了！如果以梅郎此種方法寫史，一萬卷也寫不完。」

繼而搖搖頭，又用力點頭，高聲嚷道：「弟亦有了！六字便可——逸馬殺犬於道。」

另一名較為壯實的男子拍手笑道：「永叔此記甚好，正是史筆。」

是日，河南府為官的幾名好友，同為三十上下年紀的梅堯臣、張穀等一行，相約宴飲伊水河畔，為將要回返東京、任職館閣校勘的歐陽修和尹洙餞行。途中，見一匹脫韁的馬於路上狂奔，踏死了一隻大狗。歐陽修提議把這件事記下來，看誰記得簡要，奪冠者，將命今日前來的洛陽城最美麗的歌姬，演唱其詞三首。

首先發話之人乃一向老成持重的梅堯臣，較為年輕、神情激昂的便是歐陽修，略顯壯實之人為尹洙。

幾名年輕些後生則在一旁微笑不語。

尹洙進而讚道，永叔吟詩作文之勤勉，不與凡俗，正騏驥盛壯之時，一日而馳千里也。

歐陽修拱手。他微微笑了，臉龐映射著伊水的粼粼波光。

這是歐陽修到洛城的第四個春天了。他對著即將遠去的洛陽春色，縱聲吟來：

把酒祝東風，且共從容。垂楊紫陌洛城東。總是當時攜手處，遊遍芳叢。聚散苦匆匆，此恨無窮。今年花勝去年紅。可惜明年花更好，知與誰同？（〈浪淘沙〉）

洛社新聲

歐陽修這就離開洛陽了。

幾時才能再回來？洛水悠悠，輕拍堤岸，一聲，一聲，再一聲。他的思緒回到了初來洛陽的那些日子。

這天，歐陽修預備去拜訪他的新朋友、河南府伊陽知縣尹洙（字師魯）。說是上門請教，心中卻有許多的不服氣。

前些天，剛到洛陽，放舟伊水，歇息岸邊，歐陽修偶遇詩人梅堯臣，二人相談甚是投契。

梅堯臣和他談詩，又說到經義、策論等文章作法。梅堯臣說：天下文章，我最佩服尹師魯。

歐陽修記住了這個名字，卻很不以為然。梅郎面前，詩我不敢稱第一，要論文章，莫非天下還有人比我歐陽修所下功夫更深的嗎？

仁宗天聖九年（一〇三一年），深春裏的一日，穀雨剛過。

仁宗乃北宋第四位國君。宋自太祖趙匡胤建立政權以來，歷太祖、太宗、真宗三位皇上，真宗去世，仁宗年幼，由太后劉娥秉政。

帝國的首都為東京開封府（今河南開封），此外還有三座副都，分別為南京應天府（今河南商丘）、北京大名府（今河北邯鄲）和西京河南府（今河南洛陽）。

牆角，一株牡丹滿懷風情，正展開嬌豔的笑靨。

大群人圍著牡丹嘖嘖稱歎。

其中撫髯而笑的老者，正是判河南府、西京留守錢惟演（字希聖）。

這碩大的牡丹說是一株，其實是兩株合二為一。錢惟演年前到河南府主政，因極喜洛陽牡丹，遂命人移來名種，一曰姚黃，一名魏紫，種在園中牆角同一花圃。而今兩花齊開，姚黃明媚，魏紫鮮嫩，碗口大的花朵，彷彿經由同一株開出，格外引人注目。

這一天到錢惟演府上賞花飲酒的十幾名文士，除西京通判（副守）謝絳（字希深）之外，均是洛陽城較有品味的中下層官員。是的，若是錢公瞧不上，就算官比他大、富甲天下，也不可能接到邀請函。

錢惟演乃江南世家、吳越忠懿王錢俶之子，更與劉太后沾親帶故。出身高貴，家中多金，人又多才，眼光自然挑剔些。

幾名年輕人佇立花前，指指點點。喘著粗氣趕來的清瘦男子，便是剛到洛陽沒幾日的歐陽修。他見牡丹開得如此之好，歎道：「唐人劉禹錫詩寫『唯有牡丹真國色，花開時節動京城』，這西京牡丹花開，姚黃魏紫大花千葉，一現明黃，一色肉紅，名品相壓，爭奇鬥豔，果真甲冠天下，名不虛言。」

身旁一名高大魁偉的紅臉男子，接話說道：「你剛來洛陽，就趕上使君牡丹盛會，趕上我這洛陽詩社新詠，真真好巧。永叔，有福人也。」

被稱作永叔的歐陽修上年剛剛考中進士，新春接受朝廷指派，在農曆三月末，到達洛陽，充任西京留守推官。

那位相貌堂堂的紅臉男子，名叫梅堯臣，字聖俞，宣州宣城（今安徽宣城）人。出身書香世家，未曾取得功名的梅堯臣，早年以蔭補官，時任河南縣主簿。

對著這群年輕人，錢惟演微笑點頭。過去在館閣，也是他們這般二三十歲的青春年紀吧？他和楊億、劉筠等人，不滿於國初文無法、詩無法，遂以格律精嚴、綺麗唯美的「西崑體」酬唱，流連光景，優遊歲月，引領時風。

緊接著，詩社社長梅堯臣發話說：「今日歐陽永叔來到，我洛陽詩社新添生力軍，六子將變為七子嘍，真真好！歐陽永叔不知何故今日遲到？永叔不妨吟來一首，作為新人入社信憑？」說罷，笑微微看向歐陽修，意思是想借此罰他，並考考他的文才，給他一個下馬威。

歐陽修笑著答道：「社長發話，某雖不才，只好強作新聲了。」繼而昂首言道：「歐陽修今春得以從東京至洛陽，來到錢大人麾下，結識在座洛陽群英，真是三生有幸。若說作詩，眾高才面前，歐陽修豈敢？剛好來時路上，見景生情，吟成〈玉樓春〉一闋，似乎略微可觀。現呈上，諸君且莫要見笑。」即輕聲吟來：

洛陽正值芳菲節。穠豔清香相間發。游絲有意苦相縈，垂柳無端爭贈別。　杏花紅處青山缺。山畔行人山下歇。今宵誰肯遠相隨，唯有寂寥孤館月。

吟罷，神情竟帶有幾分淒婉。

歐陽修口中所吟，時人稱之為「詩餘」，又叫做「詞」，是繼唐詩之後興起的一種新歌行體，以長短不齊的句式，表達內心的豐富情感。因有曲調，可以隨時隨地演唱，故而作詞也稱「倚聲填詞」。要說倚聲填詞，宋代文人雅士推崇備至、引領時風之翹楚，便是錄取歐陽修的主考官，前參知政事（副宰相）晏殊了。

尹洙從旁評點說：「永叔所詠，好是好，就是多了幾分淒冷。」

錢惟演又發話說：「老夫這園子中，新落成一亭，今日請諸君來，正好為其作記。諸君以為如何？」

歐陽修、謝絳、尹洙三人應聲作答，提筆立成，各寫一記。

寫成呈與錢惟演瞧。謝絳之文長達七百字。歐陽修之文五百多字。尹洙只用三百八十多字，語言凝練，敍事完備，結構謹嚴。

錢惟演宣佈：「今日洛陽牡丹文會魁首，當為尹師魯。」

啼聲初試，未拔頭籌，歐陽修心中，滿肚子的不服氣，怎麼壓也壓不下去。

晚飯後，他提著酒食前往拜訪尹洙，欲向尹洙討教文章作法，意思是要再仔細觀察觀察，看看尹洙到底有沒有真本事。二人推杯換盞，徹夜長談。一罈子酒不覺見底。

尹洙說：「歐陽永叔，平心而論，以你在詞句上所下功夫，你認為，天下還有幾個人能趕得上你的嗎？」

歐陽修搖頭。

「那你知道自己為啥文章寫不過尹某？」

歐陽修依舊搖頭。

尹洙告訴他：「寫文章這事，和世上所有事、物中蘊含的道理是相通的。為文而文，下死功夫雕琢詞句，雖是讀書人必須經過的一段路途，但並非最終目的。文以載道，詩以言志，文章、詩詞應該為人所用，體現一個人的胸中丘壑，展示其氣局、魅力、人格、風範，這才是我等所應該終身不倦孜孜以求的呀。」

歐陽修道：「聽君一席話，勝讀十年書。今日，歐陽修所得，這才叫豁然開朗，『彷彿若有光』。」

就這樣，洛陽城為官的幾名年輕人在錢惟演的萬般「寵愛」之下，經常遊山玩水，共同探討詩詞，切磋文章。歐陽修與他們相處甚是融洽，受益匪淺。

以荻畫地

時光從洛陽回溯到二十多年前的隨州。初到叔父歐陽曄家的那天，小歐陽修站在門口哭了。

他哭的聲很大，震天響亮，把母親鄭氏嚇壞了，便將懷中小女兒交給奶娘，忙著低下頭來照看他，哭聲卻戛然而止。

好多天過去，母親問他，為什麼哭？他回答：說不清。

不到四歲，「廬陵歐陽修」就沒了父親，在中國古代，把這樣的不幸稱為「幼年失怙」。

生於真宗景德四年六月二十一日（一〇〇七年八月一日）的歐陽修，祖籍吉州永豐（今江西吉安永豐縣），因吉州原屬廬陵郡，故其成年後，自稱「廬陵歐陽修」。

唐代著名詩人王勃的〈滕王閣序〉開頭一句這樣寫道：「豫章故郡，洪都新府；星分翼軫，地接衡廬。」詠的便是滕王閣所在今江西省會南昌的地理位置。

豫章、洪都都是南昌的別稱。宋稱南昌為洪州，和歐陽修的老家吉州一起，隸屬於江南西路，因而，後來人們順理成章地把這塊遼闊美麗的土地簡稱為江西。

歐陽修雖是江南西路吉州人，卻並不是在江西出生的，他出生於綿州（今四川綿陽）。其父歐陽觀在他出生的時候已經五十六歲了，時為綿州軍事推官。和那個時代的所有讀書人一樣，歐陽觀自幼苦讀，長大後參加科考。一路行來，科舉之路卻頗為坎坷，屢考屢挫，屢挫屢考，四十九歲才考中進士，因之成親也較晚。舉進士後，歐陽觀先後為官道州（今湖南道縣）、泗州（今安徽泗縣）、綿州。真宗大中祥符三年（一〇一〇年），歐陽觀不幸於泰州（今江蘇泰州）判官任上病逝，享年僅五十九歲。

「昔我往矣，楊柳依依；今我來思，雨雪霏霏……」千里路，千里悲傷，小歐陽修投靠叔父歐陽曄的路上，木葉山川，觸目皆是父親溫和的笑顏。

「孩兒出生前二年，皇上剛跟遼國簽訂和議，國家安定，世道太平。諸事順遂，我也將由泗州到綿州來，因而孩兒是我歐陽家的福星呢。」歐陽觀笑迷迷，撫摸著兒子的頭，耐心地為他講解。牆上，有他剛繪成的一幅〈太上老君圖〉。

皇上真宗信奉道教，時年「天」降黃帛，國家更因此改元「大中祥符」。

「父親，為啥叫『澶淵之盟』？胡人都是紅眉毛綠眼睛的嗎？是否長有雙頭？」歐陽修在綿州，不知不覺這便長到三歲多，他常纏著父親問這問那。

「胡人跟我們一樣，也是一張嘴，兩個鼻孔，每日要吃三餐飯。唯一不同的是，他們生活主要靠放牧，即養馬、養牛羊等，我們則靠種地。

「放牧為生，騎術自然厲害，常騎馬到中原搶糧搶物搶雞鴨。他們生活在邊遠的胡地，跟中原人不一樣，所以稱之為『胡』。北方的胡人有好多個族群，有回鶻啦，党項啦，契丹啦，其中契丹最為強大。」

「胡人也會彈琴呢，他們彈奏的樂器，稱為胡琴。喏，就是為娘手中的琵琶。」母親在旁插話道。

天福元年（九三六年），後唐河東節度使石敬瑭反唐自立，向契丹求援，耶律德光（遼太宗）與石敬瑭約為父子，契丹出兵扶持石敬瑭建立後晉。石敬瑭把燕雲十六州（即今北京、天津一帶，以及河北北部地區、山西北部地區，包括燕〔幽〕、薊、瀛、莫、涿、檀、順、雲、儒、媯、武、新、蔚、應、寰、朔，共十六州）割讓給契丹，契丹坐大。次年，契丹將幽州作為南京，改皇都為上京（今內蒙古赤峰市巴林左旗南波羅城），把原先的南京（今遼寧遼陽）改為東京。往後，契丹遂以大國的姿態崛起於宋之北方。

古語云：失嶺北則必禍燕、雲，丟燕、雲則必禍中原。自此，中原失去了重要的北部屏障，把光溜溜的脊背暴露給北方諸雄，任其蹂躪。

深知其中利害，中原王朝從五代——梁、唐、晉、漢、周的後周世宗柴榮起，便開始了與遼爭奪燕雲十六州的戰爭。不過，長期以來，卻絲毫未能佔上風。

宋立國之後，燕雲十六州更是君臣的心腹之患。

太宗初，宋遼高梁河之戰，宋軍慘敗，太宗險些陣亡。自此，宋軍便再也不敢進行這般大縱深的軍事攻擊了——多年以後，太宗即崩於因此役所受之舊傷復發。

真宗繼承皇位之後，多採用懷柔退讓政策。景德元年（一〇〇四年），遼蕭太后與遼聖宗親率大軍南下，深入宋境。有大臣主張避敵南逃，真宗也想南竄，因宰相寇準力勸，才至澶州（今河南濮陽）督戰。戰罷，雙方於是年十二月（一〇〇五年一月）訂立和約：遼宋約為兄弟之國，開榷場貿易往來，以白溝河為邊界。宋每年送給遼歲幣銀十萬兩、絹二十萬匹。因澶州在宋稱澶淵郡，故史稱「澶淵之盟」。

「孩兒，澶淵之盟是宋與遼兩國在經過四十餘年的戰爭之後締結的盟約。是好事，也是壞事。說為好事呢，是因為從此國家太平了，不用再打仗；壞事呢，是每年都要送歲幣給遼人。就好比你整年辛辛苦苦種地，收了糧食，卻要送給別人好大一筐，心中始終不舒服。澶淵之盟後，國家安定，聖上歡喜，時逢天降祥瑞，因此改元大中祥符。孩兒便是大中祥符前一年出生的。」

「你父親去世的時候，沒有留下一間房屋和一塊土地，用來維持家人的生活。」父親畢生為官清廉，身無長物，正如母親對他說的這樣。孤苦無依，衣食無著，小歐陽修跟隨母親，一步一回首，離開瀧岡（山岡名。在今江西永豐縣南鳳凰山，歐陽修父親葬於此），前往異鄉，投靠自己的叔叔歐陽曄。

歐陽修沒對母親解釋自己為什麼哭。想說自己再也見不著父親了，管不住自己的眼淚，硬要大哭一場才好受些。又想說看到叔父家中黑壓壓的一大群人出來站在門首迎接，當場被嚇壞。叔父家的房子，顯然不如自己家中的看著順眼；叔父的衣裳，陳舊而不合身；叔父雖和父親長得像，卻沒父親氣派。他想了好多種讓他哭泣的理由，想得小腦袋發暈，自己也被弄糊塗了。

往後，堂兄、堂姊們卻常拿這個見面即哭的「掌故」來笑話他。

「推官是做什麼的呢？」過了小半年，他問母親。母親默然許久，跟他說道：「孩兒，推官，充其量只是個小小的佐吏，都算不上官。即輔助本州主官，管些民間的紛爭訴訟，事情多而雜，俸祿又少。」

好半晌，母親又接著說道：「家中這許多人吃飯，孩兒要懂事些，莫要跟人爭搶。吃飯時，饅頭要讓兄長、弟弟先拿。」

母親秀麗的臉上，彷彿有一層薄薄的輕紗籠罩，看得分明，又不甚分明。歐陽修覺得，出身江南望族的母親很好看，好看得他甚至有些怕她。他像父親，長得不太好看。

叔父有四子一女，加上母親帶來的兩個孩子、一名女僕，通常吃飯是免不了要搶的。看著母親日漸消瘦的臉龐，他的眼中泛起了一層水霧，他不知道該做些什麼，才能安慰母親。

隨州城漸漸有了秋意。

叔父每日裏來去匆匆，除了晚飯時間，難得見上一面。是日因為中秋，飯桌上，格外多了幾道菜，還擺放有兩盅酒。開飯前，叔父讓歐陽修去請他的母親鄭氏來。

男女有別，家中吃飯自然是分桌而坐的。

叔父說：「嫂子，弟先以此薄酒敬我那天上的兄長。」說這話時，叔父喉嚨哽咽，以袖拭淚。又道：「弟失態，嫂子莫怪。」

母親也取出了錦帕。

歐陽修在旁邊，不知為什麼，鼻子就有點酸。

叔父說：「嫂子，兄弟不才，無大本事，往後歐陽一姓，得靠嫂子多擔當。」

鄭氏答：「女流之輩，有何能耐？」稍停，又說：「兄弟，我明白的，小兒的學業，自然不會任其荒廢。」

自此，母親對他要求愈發嚴格。雖無錢買紙買筆，若是天氣晴好，鄭氏必帶著歐陽修到河灘來，在沙地上，用荻稈教他寫字。陰雨時，便讓他在家中學詩；當然，還須學琴。

仁慈隱惻，造次弗離。節義廉退，顛沛匪虧。

性靜情逸，心動神疲。守真志滿，逐物意移。

……

「母親，這〈千字文〉易誦易記，意思又好，孩兒極為喜愛呢。」

鄭氏回答：「這是自然。初學識字的人，誰都喜歡。」

河畔，葦荻潔白與淺紫的花穗，在秋風中微微搖晃。歐陽修拿著母親剛折來的荻稈，不緊不慢，在沙地上寫下了淺淺深深的一行行字。

少年苦讀

隨州，城南，李秀才家中。

家貧無錢買書，歐陽修經常到富戶李家借書、抄書，和李秀才之子李堯輔結為好友。二人都極喜讀書，因此歐陽修幾乎天天來。

「是故弟子不必不如師，師不必賢於弟子，聞道有先後，術業有專攻，如是而已。」

這是那天在李家書房抄下的韓愈〈師說〉裏的句子，他搖頭晃腦，反覆念了一早上，愈念愈喜歡。

房屋窄小，僅有一張舊床。門邊置有一簡陋白木桌，沒有上漆。屋頂很高，透過瓦簷，有陽光照進屋來。這是隨州城中某富戶一排屋子中預備給下人住的幾間，歐陽曄以便宜價格租來，以供家人和歐陽修母子居住。每到晚間，歐陽修便用木板和草蓆鋪成簡單「床鋪」，睡在母親和妹妹的床前。他這年十歲了，雖是少年，臉上卻帶有幾分同齡人不具備的剛毅、果敢與自信。

白木桌上，有一些粗紙，兩桿陋筆，半錠殘墨。

牆上，亦貼著不少粗紙，歪歪斜斜，或大或小的字跡不算好看。

叔父歐陽曄平日公務繁忙，偶爾也會指導侄兒讀書習字。

因家貧，無錢買帖，歐陽曄便自己書寫，讓歐陽修臨。受限於條件，歐陽修的字寫得不算好，不過，受叔父影響，他甚為傾慕顏真卿，喜愛顏真卿的書法。

叔父告訴他：「顏真卿和侄兒你所欽佩的韓退之（韓愈，字退之）一樣，都是唐代了不起的偉丈夫。」

歐陽修說：「既然如此，侄兒決定了，往後學書便專學顏真卿。文章作法，侄兒欲學韓退之簡勁雄渾。至於詩賦，侄兒不愛楊億、劉筠的繁複渲染，還是比較喜歡晏元獻（晏殊，字元獻）的雅麗清新。」

憑著歐陽曄的關係，歐陽修常去隨州城大戶人家借書來讀。一卷在手，便不分晝夜苦讀。為了節省燈燭，他很少點燈，通常雞叫三遍即起，天黑依然在心中不停記誦。讀書時，他常將喜歡的詞句抄下來，貼在牆上，反覆琢磨。接觸到的書中，他最愛讀史。《史記》敍事之波瀾壯闊，《漢書》文贍而事詳，《三國志》人物、議論精彩動人……他不但逐一精讀，傾心的章節，朗朗而誦，直至全部背得。

是春以來，借得李秀才家所藏幾冊《唐書》殘卷來讀，卻獨獨不見其中有顏真卿卷。悵歎許久，他十分不滿《唐書》敍事粗糙，文字淺陋，材料拖沓，就想：「以後若是有機會，我也要來修一部史書。」

作文時，他特別喜歡用簡練的語言，把一件事情講清楚。這一路走來，雖是自學，並無老師，只得叔父偶爾指導，但他心中極有主張。前人文章，他最愛韓愈，將叔父教給他的幾篇韓愈的文章一遍遍抄寫，貼在牆上，一篇篇研究、背誦，探尋其章法結構，遣詞造句。

「嫂子請不必擔憂家貧子幼，侄兒乃奇才！他不僅志向遠大，氣魄宏偉，且有常人不具備的毅力和堅韌執著。侄兒定可光耀我歐陽一族，他日，必將聞名天下。」有一天，天寒地凍，無錢買炭，家中幾乎斷炊。鄭氏想著自己命苦，幼兒柔弱無依，不禁坐在廊下哭泣。歐陽曄默默走來，遞過幾個溫熱饅頭給嫂子，說了以上言語安慰她。

歐陽修廢寢忘食，專心讀書，漸漸地，十里八鄉，聲名傳了開去。一年春夏之交，鄉里兩名年屆中歲的秀才，一王姓，一李姓，自覺腹中多詩書，有些見識，結伴前來探訪歐陽修，其實是想比試高下。二人下船登岸，見河灘上大片梅林，幾株枇杷點綴其中，美景清幽，清爽宜人。李秀才停步吟道：「一株枇杷樹。」王秀才悠然對曰：「兩個大丫杈。」

沒等第三句說出口，梅林之中，一個悠長童音清脆應答：「未結黃金果，先開白玉花。」

兩人大吃一驚，舉頭望去，見一少年雙腿晃蕩，坐於林中老梅之上，正摘青梅吃呢。走近身去，王秀才問道：「少年，有無興趣與我二人對詩？」少年點了點頭。

王秀才：「河岸一群鵝。」李秀才：「噓聲趕下河。」

少年答道：「白毛浮綠水，紅掌撥清波。」

兩名秀才呆立，半晌無言。少年問：「兩位貴客將往哪裏去呀？」

李秀才：「二人同上舟。」王秀才：「去訪歐陽修。」

少年拍手笑道：「修已知道你，你卻不知修（羞）。」

英雄出少年，自此，在隨州無人不識歐陽修。

功名初著

歐陽修走出大殿，走下台階，抬頭看天。

斷續下過幾場雨後，白雲堆裏露出的天格外藍。

此時的他，渾身輕鬆，只想回到館舍中，在書枕裏，做個香甜的夢。

八年了，整整八年，從參加鄉試的第一天起，在科舉考試的羊腸小道上來來去去，這已經是第幾個來回？他已經沒有力氣，或者說沒有心情再去計算。

他這年二十四歲了。從出生時起，便注定了只有一條路可以走，那便是科考，不達目的決不罷休。

這是八年之內歐陽修第二次到京城參加考試。之前兩次科考不中，要是換作別人，恐怕早已垂頭喪氣。可他卻看似愈戰愈勇，並無半點沮喪，這是為什麼？

原來他的性格中有一些與眾不同之處，便是無論做什麼事，如同出征的戰士一般嚴陣以待，心無旁騖全力以赴，結果如何，交給上天。如果考不好，自然是考題或考官有問題，錯不在他。這樣想，他立馬將不快活的記憶拋到九霄雲外去了，繼續埋頭苦讀。「人生自是有情痴」，在隨州，出身貧寒的歐陽修受人排擠，李堯輔之外，幾乎沒有朋友。他甘居陋巷，敝衣草屨，簞食瓢飲，很少跟人交往，除了讀書，還是讀書。沉浸在書本的世界裏，卻也並不覺得孤單。

他就不信，憑自己的用功，憑自己的滿腹詩書，會考不中進士？

天聖元年（一〇二三年）秋，十七歲的歐陽修以秀才資格參加隨州州試。本次考試題目是「左氏失之誣論」，這對自幼精讀《左傳》的歐陽修來說可謂小事一樁，他拿到試卷，不假思索，一揮而就。但是，最終卻落榜了。因為他答卷中的句子雖好，韻腳卻超出了官韻的規定範圍。

三年後的秋天，二十歲的歐陽修再次走入考場，終於如願以償，順利通過了州試，獲得參加第二年春禮部會試的資格。

主持是年禮部考試的主考官是著名的西崑派領袖之一的劉筠，他對文章的要求是：華麗、華美，整齊、整潔，對仗工整。內容無所謂，但形式上一定要好看。歐陽修的結局可想而知。

這年春試未過，晚間榜發，站在東京街頭，歐陽修的心中多少有些難過。望著京城繁華，百感交集，淡淡憂傷湧上心來。他想起了讀書以來許許多多的艱辛，想起元夜街頭，見到的那個格外美麗的賣花女，不知今夕她在何方？輕聲吟道：

去年元夜時，花市燈如晝。月上柳梢頭，人約黃昏後。　今年元夜時，月與燈依舊。不見去年人，淚濕春衫袖。（〈生查子〉）

身後一個聲音讚道：「士子高才。」

歐陽修轉頭苦笑：「謝先生。卻是考不中呢。」

此人說道：「算甚？士子若是空閒，請到舍下一敘。」

長者名胥偃，字安道，潭州長沙人，進士出身。胥偃時為漢陽軍知軍，寫得一手好駢文，這回進京，參加朝廷的選調考試。隨後，歐陽修跟從胥偃前往漢陽，並呈〈上胥學士偃啟〉，拜入胥偃門中，請求老師指點。

天聖七年（一〇二九年）春。

從胥偃學習了一段時間後，歐陽修自覺長進不小。胥偃除嚴格訓練其時文的作法，耳提面命之外，又在經濟上多加資助。因胥偃已進入朝廷為官，更於是年保舉歐陽修就試國子監廣文館。同年秋天，歐陽修參加了進一步的國學解試。他在廣文館試、國學解試兩場考試中均取得第一，又在次年春的禮部省試中再獲第一。

願望即將達成，歐陽修開始驕傲自滿。他自覺在隨後到來的殿試中，自己必定能得到聖上垂青，勇奪狀元。看著自己身上寒酸的穿著，很不像樣，遂傾囊而出，請裁縫做了一身新袍子，準備殿試時穿。與他在廣文館同吃同住同學的英俊少年王拱壽，這年十九歲，也順利通過禮部試，獲得殿試資格。是日晚間，王拱壽穿上歐陽修的新衣服，得意嚷嚷：「我穿狀元袍子啦！我穿狀元袍子啦！」歐陽修笑迷迷看著他。

東京，皇宮。天聖八年（一〇三〇年），三月十四日。是日，由仁宗趙禎主持的殿試在崇政殿舉行，兩百多名考生魚貫進入。

皇上唱出了前三，卻沒有歐陽修的名字。他感到疑惑：我不是禮部省試第一的嗎？他隨即走出隊列，大聲報出自己的姓名，以提醒皇上注意。

按宋例，考生在殿試時，若感覺皇上唱出排名與實際不符，個人有委屈，可以當場舉手發問，並不違禮。

皇上看了他一眼，繼續唱名。

他才走出宮門，就看到老師胥偃站在門首等他。

問：如何？

答：尚可。

師生二人滿臉含春，一前一後走到廊間，等著接下來的鹿鳴宴。

是日結束的殿試，王拱壽果真被仁宗欽點為狀元，並賜名王拱辰。

歐陽修被仁宗唱為二甲第十四名，賜進士出身。

這場科考的主考官，即知貢舉者，為歐陽修同鄉，江南西路撫州人晏殊。

歐陽修身旁，一同等待鹿鳴宴，高中二甲第十名的，為福建路興化軍（今福建莆田）仙遊人士，名叫蔡襄，字君謨。

清瘦的蔡襄見到同樣清瘦的歐陽修，微微點頭致意。

胥偃生怕自己一向看重的歐陽修在「榜下擇婿」的時風中，被其他高官看中並搶走做女婿——其時，朝廷官員往往在新科進士中，挑選優秀士子做女婿，說是挑選，其實等於是搶。誰下手快，眼光準，自然誰家女兒得好處。王拱辰就被參知政事薛奎搶走為二女婿了。胥偃笑迷迷問歐陽修，你往後就給老夫做女婿吧？

歐陽修大喜過望，拜倒在地：謝過岳丈大人。

擱淺東京

這是歐陽修離開洛陽，到東京就任的第三年，時任館閣校勘的他請求朝廷下旨，允准自己離開東京，貶官地方。

他對朋友說：我這回算是跟高若訥槓上了，請你們誰也別攔我。又強調：誰也攔不住我！

說這話的時候，他的神情決絕，心中卻有萬般滋味。畢竟，他前年才從洛陽經選調進入館閣。這由地方進中央，不脫幾層皮，恐怕辦不到。先得經駐地長官考評推薦；接著通過初選考試；進入京城，再考一回。

只不過，京城再怎麼好，再怎麼值得留戀，歐陽修想著，我也不想再待。是呀，范仲淹（字希文）已先行離開了，我還賴在東京幹什麼？

再說，古往今來，皇上最忌諱什麼？那就是朝廷官員「結黨」。

明道二年（一〇三三年），劉太后駕崩，仁宗趙禎得以親政。

整整十四年了！仁宗十三歲登基，劉太后把持朝政，說一不二。仁宗一直未能做主，就連選皇后，也完全不能由著自己喜歡。到如今雖親政三年，卻處處受制於人。朝堂上下，以呂夷簡所領，全是舊人。這回范仲淹上疏，說來說去，還不是為皇帝著想，為社稷擔憂。歐陽修說：「想想，皇上還不如我等臣下自在呢。臣下可以拍拍屁股走人，皇上卻是不能夠。皇上就快二十七歲了，這還得受呂夷簡老奸的蒙蔽。」

劉太后雖多年來一直秉政，卻不是仁宗的生身之母。劉太后本名劉娥，出生微賤，真宗少年時與其相識，接入府中。真宗本不是皇長子，世事難料，竟然做了皇帝。真宗繼位後劉娥入宮，起先沒有名份，終究封了美人。出身名門的郭皇后去世，真宗不顧朝臣反對，冊立業已升為德妃的劉娥為皇后。隨著真宗年歲漸老，身體多病，劉皇后逐漸把持朝政。劉娥不曾生育，將李才人（臨終封為李宸妃）之子趙禎作為己出，並囑託楊淑妃用心，二位娘娘共同撫育其長大。一直瞞著趙禎，不讓他知道。

李宸妃薨，劉太后欲以尋常妃嬪禮儀葬李宸妃，呂夷簡私下裏稟告太后，往後若想保全劉氏一族，一定要厚葬李宸妃才是。

年初，吏部員外郎、權知開封府尹范仲淹不滿宰相呂夷簡把持朝政，培植黨羽，任用親隨，無所作為，向仁宗進獻〈百官陞遷次序圖〉，並用手指著給皇上看，像這樣的晉陞，是循序陞遷；像那樣的遽然晉陞，是不合次序的提拔。如果說這些循序陞遷是出於公道，那麼，那些不合禮制的遽然提拔，便是出於丞相的私意了。他勸說皇上制訂良好的用人制度，「親自掌控」官吏陞遷之事。——范仲淹將這四個字的用筆著意加粗。呂夷簡不甘示弱，反譏范仲淹迂腐，誣衊范仲淹「越職言事，勾結朋黨，離間君臣」。范仲淹連上四章，論斥呂夷簡狡詐，因言辭激烈，被罷黜，出知饒州（州治在今江西鄱陽）。

祕書丞余靖（字安道）上疏為范仲淹求情，遭貶官筠州（今江西高安）監鹽酒稅；太子中允尹洙上疏自訟與范仲淹是師友關係，願一起降官貶黜，將往郢州（今屬湖北）

任酒監；館閣校勘歐陽修不甘其後，寫了一封信給諫官高若訥，即〈與高司諫書〉：

足下詆誚希文為人，予始聞之，疑是戲言；及見師魯，亦說足下深非希文所為，然後其疑遂決。希文平生剛正，好學通古今，其立朝有本末，天下所共知。

……

昨日安道貶官，師魯待罪，足下猶能以面目見士大夫，出入朝中稱諫官，是足下不復知人間有羞恥事爾。所可惜者，聖朝有事，諫官不言而使他人言之，書在史冊，他日為朝廷羞者，足下也。《春秋》之法，責賢者備。今某區區猶望足下之能一言者，不忍便絕足下，而不以賢者責也。若猶以謂希文不賢而當逐，則予今所言如此，乃是朋邪之人爾。願足下直攜此書於朝，使正予罪而誅之，使天下皆釋然知希文之當逐，亦諫臣之一效也。

前日足下在安道家，召予往論希文之事。時坐有他客，不能盡所懷。故輒布區區，伏唯幸察，不宣。修再拜。

用今天的話講來，這封信是這樣的：

「足下詆誚希文為人，我剛聽說，還以為是戲言；後來聽尹師魯講來，方知確是真的。全天下的人都知道范仲淹剛正、好學，博古通今，立身朝廷始終如一。

「昨天，余安道被貶了官，尹師魯也被審查，你還有臉出來見人，還敢說自己是個諫官，可見你是真不知道人間還有羞恥二字了。可惜的是，朝廷上的這些事，諫官不說真話，反倒由不相干的人（譬如在下）來說，這要是記錄在史冊上，以後飽受批評的，就是你了。按照《春秋》微言大義的傳統，愈是賢人就愈要嚴格要求。我現在是懷著一線希望，盼著你能說句真話，不想現在就跟你絕交，想把對你的更高要求說清楚。如果你還是覺得范仲淹是個壞人，就該處份，那我今天就把話撂這裏，我跟范仲淹是一黨的。你可以直接拿著我的信去見皇上，讓皇上定罪殺了我，讓天下都知道范仲淹就該被處份，你也算是幹了一件諫官該幹的事。

「前兩天你在余安道家，叫我過去談論范仲淹的事。當時在場的還有別人，我沒法把想說的話全都說出來。所以就寫了這封信，你自己看吧。不多說了。修再拜。」

此文一出，朝野震動。

回家，跟母親說起，將貶往夷陵（今屬湖北宜昌）小地方去，對不住老人家的殷殷厚望。母親卻說，怕啥？孩兒自小到大，也不是沒吃過苦。

景祐三年（一〇三六年），五月，東京。

因歐陽修作書痛斥高若訥，力挺范仲淹，原任職於開封府、與范仲淹不和的歐陽修恩師、前岳父胥偃和他不再來往。

本以為一輩子的恩情，本以為此生此世不會暌離，罷了，罷了。緣盡，只好放手。

歐陽修到洛陽擔任西京推官年餘，便失去了他的愛妻胥氏。

二十四年苦讀，終於得登科第，剛剛可以安穩度日，可以讓母親過上好日子，但「不幸」驟然而至，讓他猝不及防。本以為經歷過苦難、艱辛，寵辱不驚，事到臨頭，還是忍不住夜夜淚濕衣襟。今夜南風吹客夢，清淮明月照孤舟。唉。那時候，母親和妻子才剛接到洛陽他的身邊沒多久呢，十七歲年紀笑靨如花的妻子便不幸產後因病夭亡，永遠離開了他。「昔作樹頭花，今為塚中骨」，人世間，沒有什麼比這更為殘酷的了，幼兒嗷嗷待哺，母親卻已不在。

一年以後，迫於情勢，歐陽修續娶集賢院學士楊大雅的女兒為妻。未料，十個月之後，楊氏又因病去世，年僅十八歲。

自此，歐陽修不敢再提娶妻二字。他人說合，也只是搖頭不言。他覺得自己命硬，怕再次剋死別人家的好女兒。

這日余靖離京，得到消息，歐陽修欲在城郊為他餞行，騎馬趕到，卻撲了個空，余靖的轎子早上便已出城，此時怕是到了南京商丘地界。天欲晚，歐陽修決定順道拐去蔡襄的城郊小屋坐坐，喝口香茶，跟朋友發幾句牢騷，以為告別。

「我幾人這就甩手走了，不知聖上往後朝中該指望誰？呂夷簡老奸，朝廷及地方官員都聽他的。聖上這才親政不到三年，往後時局會怎麼樣，真是讓人十分擔心。」又高聲安慰自己說：「不在其位，不謀其政。」

蔡襄靜靜點茶，沒有插話。

歐陽修好友，在京待選的蔡襄因反對呂夷簡排擠打擊范仲淹、歐陽修等，作〈四賢一不肖〉組詩。蔡襄詩好，書法亦好，溫雅秀麗，氣格高華，寫成之後，京城爭相傳抄，據說，竟被在京遼使傳入遼國。「四賢」為范仲淹、尹洙、余靖、歐陽修，「不肖」自然指高若訥。蔡襄在詩中稱讚歐陽修說：「帝圖日盛人世出，今吾永叔誠有望。」

「國家需要人才，永叔，你卻要走了。」蔡襄停下手中茶盞，輕聲說道，「人生正如兄所言，聚散苦匆匆。」

夷陵磨礪

歐陽修遭貶夷陵，帶著母親和妹妹一同前往，本可走陸路，他卻改走水路，溯流而上，兜個大圈子。走了小半年，從晚春走到初冬，這才到達夷陵。到夷陵不久後的某日，回想起走在路上，「觸目淒涼多少悶」，歐陽修難免要吟它一首，以安慰自己受傷的心：

春風疑不到天涯，山城二月未見花。
殘雪壓枝猶有橘，凍雷驚筍欲抽芽。

他還是不肯就此死心。

夷陵是時歸硤州（北宋神宗元豐年間稱峽州）管轄。

古語云「水至此而夷（平坦），山至此而陵（丘陵）」，有山有水，故名夷陵。這是長江邊的一個小縣城。

歐陽修於景祐三年（一〇三六年）十月二十六日順利到達夷陵，老朋友朱慶基正在這裏等著他來。朱慶基時任硤州知州。

朱慶基早早就在州府東為歐陽修修建了一座房舍，新房雖不比東京住所，卻讓人有絕處逢生之感。歐陽修把這座居室命名為「至喜堂」，又作〈夷陵縣至喜堂記〉，感謝老朋友，並真實記錄夷陵的人情風土以及地形地貌等情況：「硤州治夷陵，地濱大江，雖有椒、漆、紙以通商賈，而民俗儉陋，常自足，無所仰於四方。販夫所售不過鱅魚腐鮑，民所嗜而已，富商大賈皆無為而至。地僻而貧，故夷陵為下縣，而硤為小州。」

初來乍到，已是晚秋初冬。驛碼頭石級陡且曲；繞城江岸，除驛碼頭外，再無固定的泊舟地點。巴（四川東部、重慶一帶）、湘（湖南）、楚（湖北）等地商用之大小舟船，零亂停泊。船上裝載的都是山貨土產，較多的有花椒、生漆、硤州紙、粳稻米、茶葉、柑橘之類。這個「縣樓朝見虎，官舍夜聞鴞」的荒邑小縣，四周無城牆，沒有成形的街道，道路又窄又髒，車馬不能通行。市面多是小攤小販，不見大戶商賈。百姓生活艱難，嗜好醃魚。住房窄小，一堂之中，樓上住人，樓下養豬。

雖是個小縣城，但整日裏喧囂吵鬧，打官司的人特別多，因此歐陽修時常忙碌無休。

每當他有所懈怠，總要想起母親曾經對他說過的父親為官的點點滴滴。

判官，主要職責便是斷案。你父親生前，經常在夜裏點著燈看白天未看完的案卷。有一日半夜，他多次放下手中案卷，長長歎息。我問他為什麼，他回答說，這是一個判了死罪的案子，我想為他求得一條生路卻辦不到。我問，還可以為死囚找尋生路嗎？他說，我想盡力去做，若是為他尋求生路卻無法做到，那麼，死者和我也都沒有遺憾了；再說，萬一替他求生路而又辦到了呢。正因為從前有人請求而使罪犯得到赦免，我才想，如果我不認真推求，被處死的人便可能會有遺恨啊。我經常為死囚求生路，還不免錯殺；偏偏世上總有人想枉置他人於死地……他回頭看見奶娘抱著你站在旁邊，指著你歎氣道，有人說我遇上戌年便會死去，假使他的話應驗，我就看不見兒子長大成人了。將來你要把我的話告訴他。

想著父親，歐陽修的眼淚流了下來。他決心好好做官，不枉讀書一場。面對夷陵「官書無簿籍，吏曹不識字」百廢待興的局面，他更加勤奮工作。他一一取出縣衙架閣上的陳年公案，反覆研判。見到的枉直乖錯的案子，不計其數。這些時候，他常常掩卷歎息：以夷陵荒遠偏小之地尚且如此，天下之大，更不可想像。

到夷陵來，也不全是鬧心事。公餘，這個山環水繞的偏遠小城帶給他許多驚喜，滿足了他的兩大愛好，那就是收紙、玩硯。

宋代以前，硤州就開始生產紙和硯，歐陽修在京師任職時早有耳聞。那時，他與三司官員交往密切。三司為朝廷掌管鹽鐵、財賦稅租、戶口田簿的重要部門，在宋代，三司使的地位僅次於宰相和樞密使。三司印發公文、戶籍、田簿等，都離不開紙張。但所用紙張，全由蒲州（今山西永濟）供給。

在三司任職的好友告訴歐陽修，三司用遍天下紙張，獨硤州紙不易朽損，經久耐用，到夷陵去，可多收些硤州紙帶回來。

硤州近山又鄰水，竹木茂盛，造紙業興盛。宋初，夷陵就有許多家造紙作坊，專門生產竹紙。即以竹木取其纖維，煮沸搗爛，和成黏液，勻置漉筐，板結成膜，稍乾後再用石磙壓製而成。歐陽修用過硤州紙後稱讚：「夷陵紙不甚精，然最耐久。」並向朋友大力推薦。

某日，書寫時，他不小心將使用多年的南唐歙州硯折損一角，深感痛惜。這方南唐歙州硯，是他剛中進士那年，在東京城從雅好金石的一位朋友那裏得到的。當時，歐陽修看見這「四方平淺」的硯石，石料上乘，製作精良，愛不釋手，便以文為潤筆，跟劉敞置換到手。自此硯石每日陪伴案頭，從未稍離。那時，他們二人都不知道此硯是寶貝。而今歐陽修將它帶到夷陵來，經鑿硯老者識別，才知道是珍貴的南唐硯。

夷陵這地方多的卻是大沱石硯。惋惜之餘，歐陽修購回一方大沱石硯使用，用後稱讚說，歸州大沱石，它的顏色青黑，上面有斑斑紋路。紋理微粗，卻頗發墨。歸、硤人把江水稱為沱，所以大沱石就是指江水中的大石頭呀。

二硯在手，頗感愜意。歐陽修又寫信向朋友們推薦大沱石硯，認為這是難得的上天賜予宋人的瑰寶，應該引起重視。

除了努力審案，為他人平反昭雪，歐陽修還積極推行州守朱慶基的政策，在城區植樹，在山上造林。拆茅屋，建瓦房，人畜分居，廚房與穀倉分開，改變簡風陋習。

歐陽修不改每日讀書、寫作的良好習慣，辛勤工作之餘，開始了他從小發願的修史之路，即著手重修《五代史記》。他認為，以前薛居正主修的《五代史》條例不清，敍事冗雜，若要使其成為好的史傳，需要大量刪減。他經常寫信與尹洙討論相關問題。

他深入民間，瞭解民情，解決問題，處理吏事漸趨老練。他查訪到夷陵本地有一位叫何參的居士，家住縣舍西，好學，多知荊楚事，便和他交上了朋友，不時訪問：「荊楚先賢多勝跡，不辭攜酒問鄰翁。」又從史料中發現唐代書法家顏真卿於大歷元年

（七六六年）曾被貶為硤州別駕，與他目前處境一致，政治地位也大約相當。顏真卿曾為官歐陽修故鄉廬陵郡，做過撫州刺史，造福江南西路。這令歐陽修欣喜不已，詳細記錄在案。

總之，夷陵的點點滴滴，從金石碑刻到山水人物，再到百姓的一粥一飯，他都甚為關心。大好山川，使他的胸腑開張，不再為一己之私而痛心疾首或終日縈懷。

歐陽修兩度喪妻之後，雖好幾年未娶妻，但迫於生活壓力，還是未能免俗。是年春，即景祐四年（一〇三七年）三月，他告假前往許昌續娶前參知政事薛奎（時已去世）的第四個女兒薛氏為妻。婚後不久，薛氏隨歐陽修來到夷陵。

有趣的是，歐陽修同榜狀元王拱辰，之前娶了薛奎的二女兒為妻，其妻不幸亡故，他又娶了薛奎的小女兒。這下，二人成了連襟。歐陽修作詩打趣他：「舊女婿為新女婿，大姨夫作小姨夫。」

景祐二年（一〇三五年），歐陽修的妹夫張龜正卒於湖北襄城。由於妹妹年紀甚輕，無所依託，便攜張龜正前妻所生孤女歸養於兄長歐陽修家。景祐三年（一〇三六年），歐陽修遭貶，妹妹亦隨歐陽修一同前往。妹妹寡言少語，足不出戶，一心照料母親和歐陽修已故胥氏所生的兒子。

不幸的是，歐陽修兒子體弱多病，沒兩年便夭折了，這讓歐陽修很是傷心。景祐四年（一〇三七年）夏，歐陽修叔父歐陽曄去世。歐陽修遭貶，未能在生前盡孝於叔父，很是傷心慚愧，唯有黯然前往弔唁，略表情意。

是年十二月，詔令歐陽修移光化軍乾德（今湖北老河口）縣令。

慶曆新政（上）

地方為官幾年之後，歐陽修又回到了東京。

這天，在宮殿門口遇到范仲淹，歐陽修感覺有些意外。感到意外的原因，是平日裏根本見不著他。范仲淹太忙了，日日裏皇上都要召見一兩回。

這是到京以來，二人首次相見。范仲淹卻要走了。

「歐陽永叔，你發願修史，是件大好事。要修出一部可以傳世的五代史記，讓後人知曉失去燕雲十六州的切膚深痛。今遼人不服，西夏崛起，我輩豈能縮手袖間？」

說完這幾句話，范仲淹拱手與歐陽修作別，帶著一陣風，急急忙忙走了。

歐陽修隨眾人目送范仲淹的轎子遠去，心中卻是百般滋味。沉沉歎道，正如范大人所言，自古治世少而亂世多。我歐陽修一定重修一部五代史記，以警誡世人。

康定元年（一〇四〇年），夏初，歐陽修被召回京，復任館閣校勘，編修《崇文總目》。

館閣，即朝廷三館昭文館（掌詳正圖籍，教授生徒）、集賢院（收藏典籍）和史館的合稱。通俗地說，就是宋朝全面掌控國家文化、教育工作的重要部門。

日日校書修史，做自己喜歡的工作，歐陽修深感愜意。

他終於離開偏遠之地，重新回到中央了。

他回到朝廷，國家卻不太平。

燕雲十六州失去之後，中原王朝沒了北方屏障，一再受到胡人騷擾、欺凌。從前契丹不可一世，當今西夏又成為宋朝君臣的心腹之患。

寶元元年（一〇三八年），党項族人李元昊在多年的準備工作完成之後，悍然稱帝，建國號為大夏（史稱西夏），定都興慶（今寧夏銀川），與宋的外交關係正式破裂。次年（一〇三九年）底，為逼迫宋朝承認西夏的地位，李元昊率兵進犯宋之邊境，並於康定元年（一〇四〇年）正月，在三川口大敗宋兵（三川口之戰），集兵於延州城下，準備攻城。消息傳至京師，朝野震驚。

三月，因邊事吃緊，仁宗以范仲淹眾望所歸，召回京師，命其為天章閣待制，出知永興軍（治所在今陝西西安）；又因丞相張士遜薦，下詔令多名在外人員回到館閣，充實中央。

范仲淹和歐陽修一前一後到京。范仲淹這才待了不到半個月，就匆匆離開京師，前往西北。

范希文襟懷灑落，高才大德世所共仰。辦學治國，文事武功，從來堪為我等楷模。我歐陽修再怎麼著，不過就是比別人多讀了幾本書。從前我也曾跟隨岳父大人學射箭，學得一點皮毛，無大能耐，只好放棄。

想著這些，歐陽修差點走到陰溝裏去。

范仲淹回京，有人提議他用歐陽修為軍中掌書記，歐陽修卻不願意。我因范希文而貶，豈能因范希文東山再起而用？再說，區區文吏，豈是鴻鵠之志？

塞下秋來風景異，衡陽雁去無留意。四面邊聲連角起，千嶂裏，長煙落日孤城閉。

濁酒一杯家萬里，燕然未勒歸無計。羌管悠悠霜滿地，人不寐，將軍白髮征夫淚。

吟罷，歐陽修說道，這范仲淹大人〈漁家傲・秋思〉，寫盡邊地秋色，正是《詩品》鍾嶸讚〈古詩十九首〉之「文溫以麗，意悲而遠，驚心動魄，可謂幾乎一字千金」。

晏殊看了歐陽修一眼，悠然說道，詩餘，還是詠閒情最好。邊地苦寒，難免使人臥不安席，食不甘味，心搖搖如懸旌。

歐陽修站起，又坐下。他沒再開口，看著天空飄下的雪花，重重歎了一口氣，飲下一盅酒。

是日，自早上起，東京城便紛紛揚揚飄著大雪，樞密使晏殊置酒於西園，歐陽修等前來拜望老師。眾人飲酒賞雪，順便吟上幾句以助酒興。

因心憂天寒，西北邊患未除，歐陽修感念范仲淹以及前方士卒艱辛，即席賦〈西園賀雪歌〉，首句即是「陰陽乖錯亂五行，窮冬山谷暖不冰」。才一吟出，周圍人交頭接耳，隨之一片寂靜。歐陽修又吟：「寒風得勢獵獵走，瓦乾霰急落不停。恍然天地半夜白，群雞失曉不及鳴。」王拱辰搖頭連連：「不吉，不吉。」歐陽修接著再吟：「晚趨賓館賀太尉，坐覺滿路流歡聲。便開西園掃徑步，正見玉樹花凋零。」前苦後歡，正成鮮明對照。

待他吟出最後幾句：「主人與國共休戚，不唯喜悅將豐登。須憐鐵甲冷徹骨，四十餘萬屯邊兵。」意思是說，作為朝廷重臣的晏太尉你不能一味在這裏烤著炭火，飲著美酒，安然欣賞雪景呀，你更應胸懷天下，和國家休戚與共，想著邊關戍卒的冷暖才是。

晏殊聽著，當即臉上就有些顏色，不過卻沒說什麼。這下，歐陽修又吟范仲淹〈漁家傲・秋思〉，晏殊才輕描淡寫，借題發揮，說邊關苦寒不堪入詩。不過，響鼓不用重錘敲，歐陽修知道自己嚴重得罪老師了。

席散，晏殊輕聲對人說了句：「昔日韓愈也算能作詩，每赴裴度會，但云『園林窮勝事，鐘鼓樂清時』，卻不曾如此作鬧。」

沒過多久，歐陽修好友蔡襄亦到京，進入館閣。

是日，歐陽修前往蔡襄府中拜會好友，也是想著蔡襄所點的好茶，沒想到王拱辰亦在。

十多年宦海風雲，已經把王拱辰從當年那個讓歐陽修羨慕嫉妒的英俊少年，那個被皇上欽點狀元而覺得自己不配，只不過運氣好、之前恰巧複習過皇上所出考題的羞澀的十九歲青年，歷練成為一個中年成功人士。

王拱辰其實原先並不叫此名，他原稱王拱壽，是年狀元及第，深得仁宗賞識，遂賜名拱辰。

陛下，微臣不配為狀元，請您把狀元判給高才歐陽修吧。

陛下，微臣亦是十年寒窗苦讀，做夢都想中狀元。可是此次考試的題目，不久前微臣恰好做過，所以被選上狀元實為僥倖。如若微臣默不作聲當上狀元，便是不誠實之人。從小到大，微臣從未說過謊話，不想為了當狀元，就敗壞自個的節操。

仁宗聽他這樣稟告，下旨說：此前做過考題，是因為王生好學深思，況且從文章中可以讀到，王生所議所論不與凡俗，理當為狀元。再說，敢於說真話，能夠誠信做人，這才是我大宋堂堂狀元該有的品質。學子的誠實比學子的才華更為可貴，因此，朕今日欽點王拱壽為狀元，並賜名王拱辰。子曰：「為政以德，譬如北辰，居其所，而眾星拱之。」望王拱辰往後，以己所學，拱衛君王，歸附四裔。無須再要推辭了。

就這樣，王拱辰一考成名，以貌以口才以運氣，完勝卷面成績第一的歐陽修，成為天聖八年（一〇三〇年）人人皆知的狀元。

王拱辰是年更升為翰林學士，知審官院。

歐陽修說：「老相呂坦夫（呂夷簡，字坦夫）因病力請致仕，恩師元獻公今任樞密使掌管軍事，甚有建樹，國家之福。」

王拱辰道：「政事我只服呂宰相。」

歐陽修看他一眼，沒說話。

「范仲淹行事，風馳電掣，不計後果，從前便是如此。權知開封府時，與永叔岳丈胥大人時起爭執，並因此結怨，說來說去，都是二人不知忍讓。世間事，中庸最難。這一點，君謨比我二人做得好。」看蔡襄靜靜點茶，王拱辰又說。

歐陽修冷笑一聲，站起身來：「啥中庸不中庸的，我是不懂。我只知道西夏李元昊若來，便是大軍壓境，風馳電赴。五代梁唐晉漢周，播亂中原五十餘年，殷鑑不遠。」

見二人僵持，蔡襄岔開話題，問道：「永叔自景祐中，著手所修之《五代史記》，而今進行得如何？」

歐陽修道：「雖難，卻是如此令人十分嚮往的一件事情呢。若能完成，某不枉此生矣。」他微微笑了，清瘦而特別的讓人過目難忘的臉孔，不改激昂，神色卻漸漸莊重。

「君謨，我預備專以一至二卷記載契丹因何而興，因何強悍。以警示後人，前事不忘，後事之師，不可輕視邊地。」

蔡襄道：「最是應該。范希文等在前線親力親為抗擊西夏；永叔以筆作槍，警醒後人，文治武功，不可偏廢。」

因未採納范仲淹堅壁清野戰略，好水川之戰慘敗，大將任福戰死，宋軍元氣大傷。八月，李元昊陷豐州（今陝西府谷西北），並繼續侵擾宋之邊境州府，西夏愈發得寸進尺；十月，宋修河北諸城凡二十二州，以備契丹。好在有陝西四路經略安撫招討使夏竦、副使范仲淹和韓琦在西北並肩作戰，宋方漸漸穩住陣腳。

不日，仁宗下詔，於是年，即康定二年（一〇四一年）冬月（農曆十一月），改元慶曆。

慶曆新政（下）

新春有新氣象。接下來的幾個月，仁宗與大臣們多次前往天章閣觀書，謁太祖、太宗御容，觀瑞物。而在天章閣接見大臣，垂詢禦邊大略、軍政要務，自此成為有宋一代君王對大臣的最高規格的禮遇。

相伴左右的，自然是范仲淹、韓琦、富弼、歐陽修等兩府三館人員。

兩三年間，夏竦主持西北防務，多有失誤，李元昊屢屢進犯，洋洋自得。隨後，范仲淹、韓琦等率軍鞏固營地，嚴陣以待。多次交戰，李元昊未能佔到便宜。

李元昊終於發現范仲淹文武兼備，在他主持的積極防禦戰略中，西夏再也無法先聲奪人。況且這個對手，先天下之憂而憂，不貪財不怕死，幾乎沒有什麼弱點可供利用。宋軍進一步加強關中駐防，李元昊逐鹿中原夢碎，加之連年交戰，邊貿關閉，族人抱怨，只好向宋求和。

慶曆三年（一〇四三年），春。

為進一步採納良言，監督上下，仁宗欽點歐陽修、余靖、王素三人為諫官，隨後不久，在幾人推薦下，又增補蔡襄，時稱「四諫」。

四月，呂夷簡罷相。仁宗調整了宰執班子，原樞密使兼同平章事章得象和晏殊同為宰相。宋夏息戰，邊境安寧。

八月，樞密副使范仲淹接受參知政事任命。九月，仁宗頒佈手詔，欽點新提拔的范仲淹、韓琦和富弼條陳奏聞可以施行的「當世急務」。數日之後，范仲淹呈上〈答手詔條陳十事〉。著手改革，施行慶曆新政。以其〈答手詔條陳十事〉為標誌，吏治改革全面鋪開。不想，此政一出，觸動許多人的利益，到慶曆四年（一〇四四年）初，便出了差池。

那麼，范仲淹這〈答手詔條陳十事〉說的什麼？為什麼有人要反對？

范仲淹所條陳的十件事，一曰明黜陟，二曰抑僥倖，三曰精貢舉，四曰擇官長，五曰均公田，六曰厚農桑，七曰修武備，八曰減徭役，九曰覃恩信，十曰重命令。內容大致可以歸納為整頓吏治、發展經濟和加強軍備三個方面。總之，這是一場以吏治整頓為中心的牽涉國家方方面面的全面革新。

文件好擬，推行卻難。圍繞著「條陳」，贊成的，反對的，光朝廷上，就分為水火不相容的兩派。加上夏竦等在外圍煽風點火，情勢漸漸複雜。

慶曆三年（一〇四三年）九月，仁宗更賜知諫院王素三品服，余靖、歐陽修、蔡襄五品服。面諭曰：「卿等皆朕所自擇，數論事無所避，故有是賜。」意思是，你們都是我親自選拔的，好好給我盡監督的職責，知無不言，勿須隱晦。今日待遇給你們，幹得好，往後什麼也都好說。

自此，在范仲淹領導下，幾名諫官更是意氣風發，一天不上個好摺子就睡不著覺。比如，短短幾月間，歐陽修就連續上疏，彈劾不作為、不檢點官員十餘人。

時間一久，問題來了——人多勢眾，必然引發圍觀。木秀於林，風必摧之；堆出於岸，流必湍之。內以王拱辰，外由夏竦所領，屢屢上疏彈劾這群人「結黨營私」。

作為君王，仁宗最忌恨臣子拉幫結派，以權謀私，架空朝廷，架空自己。當年，范仲淹和余靖、尹洙、歐陽修等人，不就是因為攻擊呂夷簡，而被指斥為朋黨遭貶的嗎？寶元元年（一〇三八年），仁宗還下了「戒朋黨」的詔書警醒這些臣子。

是日，朝堂上，「范黨」幹將歐陽修義憤填膺，將晚間奮筆疾書而成的〈朋黨論〉呈上仁宗。發聲為范仲淹、為他們這群「新黨」成員辯護：聖上，請一定要明辨興亡治亂之跡，以為鏡鑑——

以之修身，則同道而相益；以之事國，則同心而共濟，終始如一，此君子之朋也。

用這些來提高自身修養，那麼志趣一致就能相互補益；用這些來為國家做事，那麼同心同德就能同舟共濟，始終如一，這就是君子之朋黨啊。

國子監直講石介，見到范仲淹〈答手詔條陳十事〉，欣喜若狂。他認為大展宏圖、報效國家的時候到了，遂賦〈慶曆聖德頌〉，讚革新派，貶保守派，指斥反對革新的夏竦等人為大奸大惡。石介的行為使保守派銜恨在心，自此，新舊兩黨成為不共戴天死敵。

慶曆四年（一〇四四年）三月，石介得韓琦推薦進入集賢院。夏竦為解切齒之恨，便從石介開刀，打擊革新派。他命家中女僕模仿石介筆跡，偽造了一封石介寫給富弼的信，內容為革新派欲廢掉仁宗另立新君。

仁宗雖不信，下詔貶斥夏竦等，但范仲淹感覺山雨欲來，心中難安，遂請求外放。仁宗未許。六月，邊事再起，范仲淹一再堅決請行，仁宗遂命其往西北宣撫陝西、河東。

唉，事已至此，還能說些什麼呢？范仲淹想到一年來新政難以推行，遇到的種種阻力與無奈，深深低下了頭。

由慶曆三年（一〇四三年）八月到慶曆四年（一〇四四年）九月底，歷時年餘的慶曆新政草草收場。

新政失敗的原因，歸結起來主要有三：一是利益集團的阻撓，二是「朋黨之爭」，三是無序推進，急於求成。

以其中最為關鍵的保守派攻擊范仲淹等人結黨營私而言，恰好是仁宗最不願看到的，因此新黨成員時刻戰戰兢兢，無法專注於改革。「朋黨」之所以被當作利器，引發仁宗的反感與猜忌，是因為「朋黨」一旦形成，會危及皇權，觸犯皇室的核心利益。

在官場久了，雖是同學，彼此間亦漸漸分出了親疏，分成了各自的「派系」。

歐陽修同榜狀元王拱辰，而今就和呂夷簡走得近。也是，誰能沒兩個朋友呢？何況官場上，沒有後台結局往往悽慘。

這回，為慶曆新政畫上句號的，卻是范仲淹學生、杜衍（剛任宰相）女婿、歐陽修好友蘇舜欽（字子美）。

又到了秋燔祭神的日子，按例，國家重大節慶，朝廷兩府、三司、三館及下屬機構均要組織會餐及娛樂活動。有進奏院屬員跟剛履新不久的蘇舜欽建議：年年均是老一套，屬員都膩了，能否安排出去玩玩？蘇舜欽「從善如流」，說既然出去搞，就要吃好喝好玩好。

蘇舜欽下令把進奏院成堆的廢稿紙、舊信封、沒發出去的廷告、殘損的積壓多年的文件等當廢紙賣了。貴族出身的蘇舜欽很是大方，自己又掏了十兩銀子添上。

有錢好辦事。進奏院群眾娛樂活動在東京城頂級酒樓「樊樓」隆重舉行，請來了歌姬舞女彈琴唱歌，陪酒伴舞。到場十幾人均放開來吃喝玩樂。王益柔藉著酒勁作〈傲歌〉一首，曰「醉臥北極遣帝扶，周公孔子驅為奴」，大言狂放，將孔子、周公和皇上挨個戲謔。深夜，好多人趴的趴、醉的醉，酒量驚人的蘇舜欽精神正好，正吩咐車馬把醉倒的送回家，該撤的撤，該睡的睡……

忙亂間，御史中丞王拱辰帶著一群人，拿著仁宗的手諭來到，把這幫「好漢」一網打盡，全部請到了御史台。

十多名參加者統統受到責罰，其中包括蘇舜欽好友梅堯臣。蘇舜欽受到的處份最重，被開除公職，「永不敍用」。

蘇舜欽道：「永叔、君謨，舜欽這就別去。往後，於東京城再喝不到君謨所點香茶，亦無法再與永叔館閣中談詩論書矣……此回言官咄咄逼人，當然並非是為了區區蘇舜欽，還不是衝著范大人及我家岳丈而來。」

歐陽修道：「子美敬請見諒，此回進奏院公款私用，非是歐陽修不願相助，實是不能。」

蘇舜欽大笑：「永叔如此說，便是小瞧了蘇舜欽。」

范仲淹走了，蘇舜欽走了，晏殊女婿富弼出任河北宣撫使，接下來輪到歐陽修了。

醉翁亭記

時間走得飛快，轉眼間，歐陽修來到滁州，已近一年。

慶曆五年（一〇四五年），歐陽修以右正言、知制誥貶知滁州軍州事；好友蔡襄以右正言、直史館外放福州。梅堯臣則依舊輾轉地方為小官。

去之前，歐陽修與好友蔡襄依依惜別。蔡襄說：「這樣也好，永叔啊，你我二人可以安心到地方去為百姓做事了。」

歐陽修則說：「君謨，我雖個性疏放不羈，但百姓冷暖，焉能不顧？我去滁州，將奉行老子無為而治。寬簡為政，辦事循人情事理，不求博取聲譽，只要把事情辦好就是。」

這回離開，雖不到四十歲，歐陽修卻已彷彿衰翁殘年。矮小瘦弱的身材，撐不起寬大的衣袍；鬚髮已現花白，沒餘幾根黑的。前路茫茫，進退失據，心內如搗，好不容易熬到夜深才闔眼，五更時分卻又被孤雁的哀鳴驚醒，再難入眠。

時乖運舛，好多事情還沒來得及做，遠大抱負尚未實現。「官居處處如傳舍（一作「郵傳」），誰得三年作主人」，現今又要到滁州作客了。

滁州地處江淮之間，四圍環山，形勢險要，既是淮南屏障，又是金陵前衛，不論北伐南征，都是兵家必爭之地。日常裏，這裏卻十分安靜。地僻民安，官閒事簡，帶給他好多的驚喜，這不正是他夢寐以求的最佳居住之地嗎。交通閉塞，人來稀少，卻不乏山餚野蔬，魚藕雞豚；佳泉美釀，清風明月，使他沉醉其間。

是日，歐陽修又一次醉倒了。

這是到滁州以來，他第十八次喝醉。前些日子梅堯臣還寫信來勸他要振作起來，丟官遭貶不算什麼，不要再借酒澆愁；又詠詩〈寄滁州歐陽永叔〉，一再表明內心深處對他寄予的厚望，讚他「君才比江海，浩浩觀無涯」，勸勉歐陽修今後當「不書兒女書，不作風月詩」，襟抱不妨更開些闊些：「安求一時譽，當期千載知」。字裏行間，歐陽修讀到的是梅堯臣諄諄告誡的一片苦心。

歐陽修回信說：呵呵。詩老，您過慮了。

梅堯臣這年四十五歲。他近些年來詩名漸起，人又勤勉，加上朋友間多相鼓吹，雖無功名，卻是漸漸德高而望重。而今歐陽修將其尊稱為「詩老」。

詩老，我要告訴你：「醉翁之意不在酒，在乎山水之間也。」請放心，我很好，其實真沒什麼。人生起起落落，世間潮來潮往，實屬正常。告訴詩老一句心裏話吧，來時秋水長天，兩岸柳黃霜白，北雁南飛，舟行搖搖，我可能心中還有委屈。今夜月白風清，我卻早已放下，再沒有什麼比自然四時更讓人歡喜的了。

滁州西南諸峰中最美的一座山，便是琅琊山。東晉元帝司馬睿登基前封琅琊王，坐鎮建康，曾避難於此。山中流泉，為唐人李幼卿所鑿。李以太子庶子來任滁州刺史，寬仁有政績，州人愛戴、感念，遂將該泉命名為「庶子泉」。唐代著名書法家李陽冰因之以篆書書寫〈庶子泉銘〉，數百年來，為士人所激賞。

自年輕時起，歐陽修就特別喜愛金石碑銘，若有條件，便要拓它幾張收著。朋友們也都知道他這個愛好，在外地做官，常為他拓些碑石拓片寄來，他都仔細收好。閒時拿出把玩，細加考訂，記下筆記。歐陽修一直想看李陽冰篆書〈庶子泉銘〉真跡石刻而不可得，這次天賜良機，來守滁州，他當然要來會一會庶子泉和泉旁的這塊碑刻。

是日，走到山間，問泉在哪裏？僧人指著一口大井說，這裏便是庶子泉，銘文刻石也都還在。得睹真跡，歐陽修欣喜異常。更使他激動不已的是在銘石之側，意外地發現了李陽冰的另外十幾個篆字，比銘石文字更顯高妙。歐陽修徘徊其下，反覆觀賞，久久捨不得離去。

他感歎說道：「山之奇跡，古今紀述詳矣，而獨遺此字，予甚惜之。」為介紹和稱頌新發現的稀世珍寶，他寫下一首〈石篆詩〉，曰：「其人已死骨已朽，此字不滅留山隈。」他將詩和篆字拓本附上，分別寄給遠方的兩位好友梅堯臣和蘇舜欽。

當然，還要寄給福州蔡襄，雖然他在詩中並沒有提及。

不遠處，隔山相望，是他初夏為百姓修建的豐樂亭。

一天，他在州衙聚會僚屬，剛好蔡襄從福建路寄給他的新茶送到，他很高興，差衙役到琅琊山中取水煮茶。衙役取得水，卻不慎在途中潑灑，回去再取，時間來不及，匆忙間灌了些路邊山泉回來交差。歐陽修煮好茶，嘗了一口，便知這根本不是讓泉水，可這水亦十分甘醇，別有佳味。就問，從哪裏取的。衙役據實以告。於是歐陽修令他帶路，領座中多人前往尋訪。這一找，不但找到豐山之間「山勢一面高峰，三面竹嶺回抱」的幽谷，還探到幽谷中的泉源，「泉上舊有佳木一二十株，乃天生一好景也」。歐陽修令人在這裏疏泉鑿石，為甘泉建築了一座亭子；又在亭邊，植上了貶知揚州的韓琦寄來的十種芍藥種子，欲為這新開闢的百姓遊玩之地更添美景。他還為亭子取了個好名字「豐樂亭」，並帶出一篇精彩好文——〈豐樂亭記〉。

「紅樹青山日欲斜，長郊草色綠無涯。遊人不管春將老，來往亭前踏落花。」是的，樂山水之勝，繼而樂年之豐，樂民之安，這便是歐陽修為政地方的夙願。他更要寫信告訴梅堯臣。

金秋，與豐樂亭一山之隔的新亭建成，他為其命名曰「醉翁亭」。

「峰迴路轉，有亭翼然臨於泉上者，醉翁亭也。作亭者誰？山之僧智仙也。名之者誰？太守自謂也。」

這天，琅琊山讓泉（原名玻璃泉）之上，歐陽修同寺僧智仙對弈，棋盤是一塊巨大的石頭。

觀戰之人圍了一整圈。突然，天降大雨，渾然不覺的兩名弈棋者和眾多觀棋者，瞬間被淋得渾身濕透。身旁豎著柴禾的樵夫快言快語：「歐陽使君，小的建議大人在此建座亭閣。」

歐陽修對智仙笑道：「民意不可違，和尚你就籌資建亭吧。」

亭子建成，卻無合適名字。歐陽修在此宴請眾人，已有七八分醉意，上茅房時不免東倒而西歪，自稱「醉翁」。他吩咐隨從拿來筆墨紙硯，「醉翁亭」三大字一揮而就，以作匾額。隨後又寫下〈醉翁亭記〉，抄貼滁城六大門樓，懇請民眾提供建議以備修改，再行刻碑立於亭右。

夕陽西沉，樵夫趕來建言：使君所寫，開頭這山那山，實在有點囉嗦，雖然寫了我滁州不少山名，但仍有許多山頭沒寫全。

歐陽修大筆一揮，將開頭一段全都劃掉，大書五字：「環滁皆山也」。

「至於負者歌於途，行者休於樹，前者呼，後者應，傴僂提攜，往來而不絕者，滁人遊也。」

歐陽修來到滁州，行寬簡之政，講求實效與實惠，將滁州治理得井井有條。他關心民瘼，與民休息，百姓安樂。他興修水利，建城市排水系統，上書請求減免賦稅，整頓吏治……各方面皆有所成就。「風霜冰雪，刻露清秀，四時之景，無不可愛」，他對自己的政績，滿意點頭，又喝下一口美酒。

山、鳥、人、泉、亭，彷彿都已醉倒，靜靜聽他呢喃——

「小邦為政期年，粗有所成。」他彷彿面對面，在跟好友梅堯臣彙報成績，訴說衷腸。是的，就在這天，生活於偏僻鄉間的幾名農婦，不辭辛勞，攜子女遠涉近百里山路，前來瞻望老州守的醉顏：「亭前佇望，良久不去。」

「宴酣之樂，非絲非竹，射者中，弈者勝，觥籌交錯，起坐而喧譁者，眾賓歡也。」

他舉起酒杯，又喝下一口。

與吏民宴遊，熙熙然而樂，並不意味著我歐陽修僅只是平易近人的一個官，更不意味著我歐陽修僅只是一個光知道喝酒的醉漢。諸位，若是為官地方，沒有業績，沒有樂民之樂的大襟抱、大願景，還做官幹什麼呢？

他舉起杯，對著清風明月，更是對滁州百姓說道，請不要感謝我，我歐陽修來到滁州，無論對百姓做了什麼，都是應該的。這不正是為官的天職嗎？來來來，諸位，亭前百姓，鄉間父老，請一起，乾了這杯酒吧。今日，應是我歐陽修舉杯謝滁州。滁州渾樸寧靜的鄉野，安放歐陽修的魂靈，安慰歐陽修的寂寞；滁州秀麗的山野林泉，沖淡歐陽修的鄉愁，修煉歐陽修的內在。水流雲起，鳥鳴花放，滁州淳美的風物與人情，讓我歐陽修，放下小我，站在「醉翁亭」之上，審視當下，審視將來，審視生命的意義。

嘉祐貢舉

嘉祐二年，即公元一〇五七年。

不光是這一年，在往後的許多年裏，歐陽修對自己以翰林學士知貢舉主持這一屆科考，為國家選得這麼多優秀人才，或者說，在有生之年，能有幸遇到這麼多出類拔萃的人物，令之濟濟於一堂，而感到十分欣慰。

歷時將近兩個月的鎖院，把他給憋壞了。

是日散朝，他欲找梅堯臣來，問問這眉山考生蘇軾〈刑賞忠厚之至論〉裏面皐陶和堯的對話，究竟典出哪裏。

好友梅堯臣於皇祐三年（一〇五一年），在地方為小官多年以後，始得進京，經仁宗召試，賜同進士出身（相當於授予名譽學位），為太常博士。又因歐陽修等推薦，為國子監直講；是年，即嘉祐二年（一〇五七年），因郊祀加恩，遷尚書都官員外郎，故世稱「梅直講」、「梅都官」。

此次科考，梅堯臣為參詳官，專門負責點檢試卷。

歐陽修想著，可能是自己上了點年紀吧？是的，他這年五十一歲了——竟然記性這麼差，過去可是一向自負讀書千卷過目不忘的呀。

坊間甚至傳言，這蘇軾實在才高，高到連主考官歐陽修也分不清到底是誰寫的文章了——歐陽修暗自斷定這張卷子是他的門生、江南西路同鄉曾鞏的，為了避嫌，竟然特意判為第二。

唉，他們怎會知道，歐陽修哪有這麼大的能耐呢？歷代狀元，都是由聖上欽點的呀。

再說，他就是吃了豹子膽，也不敢拿這樣的事開玩笑。

任何朝代、任何國家的考試，制定遊戲規則、追求相對公平之外，便是要嚴防死守，杜絕作弊。宋代採取主考官負責制，這名主考官，叫做知貢舉。此外，還有幾名輔助官員同知貢舉，或者參詳官等負責出題、評卷。這個團隊，從共同擔任科考大責那日起，便實行「鎖院」制，就是關起來，不許與外界接觸，不准回家，歷時大約五十天。如果考官家中有親屬參加考試，得命人另行找地方監考、改卷。考完後所有試卷密封，再請專人抄謄，字跡基本統一，評卷官無法判定是誰的卷子。又集中改卷，分組討論，最後評定成績。

似天衣無縫，卻還是有人鑽空子。比如，拿錢找人代考，夾帶小抄等，不一而足。但無論如何，這些只是個別考生的個別行為，相信從古至今，罕有主考官膽敢以身試法，拿自己的身家性命開玩笑。

總而言之，科考是由國家提供的、社會底層的人向上流動的重要通道。宋初，有個人名叫張雍，因契丹入侵家鄉，淪為乞丐，流落他鄉，在洛陽街頭靠乞討為生。太祖開寶六年（九七三年），乞丐張雍科考及第，從此改變命運。

此番貢舉，狀元由仁宗欽點，為福建浦城人章衡。本科所取之士三百餘，除蘇軾、蘇轍兄弟二人之外，還有江南西路曾家兄弟四人，以及曾鞏妹夫王無咎、王幾，同一家族共六人同舉進士，傳為天下美談。

曾鞏為江南西路建昌軍南豐人，十八歲時（景祐四年）隨父赴京。二十歲入太學，上書歐陽修並獻〈時務策〉。曾鞏為人深沉老練，頗得歐陽修賞識，歐陽修歎其文才：曾鞏這學生，往大裏說，超出一般人許多，小的方面也是中規中矩。無奈曾鞏和其師歐陽修當年一樣，擅長策論，輕於應舉時文，故屢試不第。此番歐陽修知貢舉，堅持以古文、策論為主，詩賦為輔命題，曾鞏得以與其弟曾牟、曾布及其堂弟曾阜同登進士第。

可惜了，這次科考，洛陽程氏兄弟，只中了一個程顥，程頤卻是不中。否則，更是要令世人驚歎不已。歐陽修輕輕歎了口氣。

宋初，結束五代多年戰亂，天下承平，由楊億、劉筠、錢惟演等館閣中人倡導的「西崑體」大行其道，文風奢靡，無語不駢，無文不偶，看似綺麗，實則空洞。

歐陽修卻自小喜歡韓愈文章。在他看來，韓文氣勢沛然，內容豐富，見解獨到，言簡意賅，從不無病呻吟。他而今有了機會，更是意氣風發，準備大幹一場。為矯正「西崑體」流弊，他力倡「古文」，親自校訂從隨州李家所得韓愈文集，並刊行天下。一再強調「事信言文」。按今天的話講，就是作文必須言之有物，內容要真實，語言要有文采，形式和內容，應力求完美統一。

歐陽修知貢舉，在京都國子監學生中大力宣講自家主張，鼓動考生作質樸曉暢的古文。並明確指出：凡內容空洞，華而不實，或以奇詭取勝之作，概在屏黜之列。

這次錄取蘇軾兄弟，他感覺十分滿意。這蘇軾文章，就是他理想中的文章該有的樣子，可謂天時地利人和，來得正是時候。蘇軾雖未奪魁，但文章已遍傳天下。

歐陽修長舒了一口氣：蘇軾他寫得多好呀，文章不長，卻是新意迭出，沒有一個字是廢話。

為匡正文風，樹立新風，他付出了不小的代價，遭受許多人身攻擊，有明的，有暗的。譬如，被視為「太學體」領袖的貢生劉幾，曾幾次跟他在國子監辯論，可謂目無尊長，相當過份。這喜歡怪誕文風的劉幾，敏捷有才學，在國子監中經常考第一。人聰明，不免自大，總喜歡標新立異，行文愛用險怪之語博人目光，以求轟動效應。很多讀書人追隨他，競相仿效，以用語險怪為時尚，險怪文風漸漸養成，號稱「太學體」。

只是劉幾這回來錯了地方，偏偏撞在歐陽修的槍口上。歐陽修既然決定以端正文風為己任，這些「妖魔鬼怪」便要倒楣了。

作為主考官，最終審卷、評定成績，歐陽修愈改愈生氣。因他發現了一份卷子裏滿篇皆是無法容忍的裝神弄鬼的奇談怪論：「天地軋，萬物茁，聖人發……」歐陽修哈哈大笑，拿著卷子對考官們說道：這一定是劉幾的傑作！老夫真想一把火燒了它才好！說罷，在試卷後戲續了一句：秀才剌，試官刷（剌，是違拗、彆扭的意思；刷，就是將你刷掉）。

然後歐陽修展開試卷，用一枝大號硃筆將試卷從頭至尾一口氣抹下來，謂之「紅勒帛」，就是用紅筆通篇塗抹。又在空白處批了一個大大的「謬」字，並命人把這份卷子張貼在試院門口告示欄裏，以示懲戒。

事後一查，這份被歐陽修刷掉的卷子，果真是劉幾的。緊接著，很大一批作文毫無內容、玩弄辭藻的考生也都被刷了下來。出榜之後可就熱鬧了。這批怪誕寫手聚在一起，連續好多天，等著歐陽修早晨上朝時，百般辱罵。

有人甚至揚言，如果我在街上遇到歐陽修，或是在歌樓瓦子裏見到，必要攔住他的轎子，揪他下來，狂揍一頓。

他唾面自乾，默默承受。是歪風或者清風，他都不在意，讓時間吹走一切，解決一切爭端。

晚上，到了梅堯臣家，他問梅堯臣蘇軾文章到底怎麼回事。梅堯臣大笑不止。永叔呀永叔，你我都老矣！蘇軾文章哪有什麼用典，分明就是他蘇子瞻私下裏杜撰的。

歐陽修聽聞此言，神色大變，這蘇子瞻，果真木秀於林，實是千古奇才。

回到家，思來想去，意猶未盡。又提筆給梅堯臣寫了封信，命小廝送去。信中說：

我讀蘇軾的文章呀，不覺大汗冒出來，真是痛快呀！我當避讓路，放他出人頭地。可喜呀可喜。

校書修史

仁宗嘉祐四年（一〇五九年），五十三歲的朝廷重臣、翰林學士歐陽修辭去權知開封府尹職務，專心著述。

星月皎潔，明河在天。歐陽修鋪紙研墨，給他遠方的朋友蔡襄寫信，告訴這位理財能手，鑑於國家財用匱乏，缺乏理財能臣，我再次上疏，向皇上推薦你，回朝擔任三司使。

生命和季節，都到了秋天。

秋聲浩蕩，一如當年，他再一次提起筆來。

字體端麗、瘦勁，正如他頷首微笑的樣子：清瘦的面容，長長的鬍鬚，個子不高卻脊背挺直。歲月的磨煉，給這名已逾天命之年、相貌並不出色的男子，增添了許多滄桑感，更刻寫上幾分剛毅果敢。

他深知自己說錯一句話，做錯一件事的影響。而今言行愈發謹慎，舉止愈發莊重。就像前些時日，有官員到家裏來，請求他題字，遭他拒絕。我的字並不好看，若是利用職權，四處題字，白紙黑字，留下「罪證」，將來只會貽人笑柄。

皇帝仁宗亦到了不惑之年。

仁宗自幼心地仁慈，對待臣下，愛多於嚴。有一日，中夜餓醒了，想吃羊肉，卻只是穿衣歎息，沒有驚擾臣下。親政以來，由於連年與西夏的戰事，又得防著遼人，日理萬機，不得休息。好在有一批能幹臣子，譬如外有夏竦、范仲淹、韓琦，內有歐陽修、蔡襄、包拯等盡力輔佐，總算度過難關。

不過，國家受此重創，終究不容易很快康復。國家經濟困難，仁宗卻苦於朝中無理財能臣統領財政。

歐陽修這時在翰林院，主要主持《新唐書》的修撰工作。

五代的後晉有一本官修《唐書》（即《舊唐書》），是晉高祖石敬瑭命臣下所修。因為五代離唐亡不遠，所以《唐書》史料豐富，卷帙浩繁。

但修史難，修一本好的史書更難，難在哪裏呢？一是怕史料匱乏，這方面《唐書》幸好不缺。二是怕史料龐雜，年代跨度大，要將這些千頭萬緒的材料整理出綱目，就相當不容易。三是修史之人的見識、眼光，以及胸襟等，缺一不可。前四史（司馬遷《史記》、班固《漢書》、范曄《後漢書》、陳壽《三國志》）成績擺在那裏，要超越很難。四是文筆，要簡潔不晦澀，詳略得當，更要吸引人，又不可有違史實。

仁宗對《唐書》十分不滿，認為其「紀次無法，詳略失中，文采不明，事實零落」。

慶曆四年（一〇四四年），下詔重修。

為什麼仁宗，或者說國家要重視修史工作呢？首先，文明須有傳承。要知曉從古到今，政治、經濟、文化，以及典章制度的各個層面。二是知興替。任何歷史走向，即君臣行事之始終，都有其前因後果。為什麼唐朝會滅亡？為什麼後來五代戰亂？為什麼宋太祖偃武修文？這些全都有跡可循，宋代人需要知道。三是通過史書，可以學習、瞭解曾經發生的既為偶然、又為必然的歷史事件。歷史不會重複，但在一定程度上是相似的，如果瞭解歷史，今天發生的某些和歷史相近的現象，就可以預測其本質和發展趨勢，規避缺點與遺憾，即明晰治亂興衰之跡，幫助決策層作出正確決策。總之，有了史書，可以供世人從歷史中汲取經驗、教訓，認真而充滿興趣地學習歷史，看問題會比無知之人透徹、清晰，這就是歷史給人的智慧，所謂讀史使人明智。

若是戰亂，修史很難；若是國家人才匱乏，也無人修史。

任何事情，都要等到能夠完成它的人出現。現在，這個人，或者說這群人，出現了。

重修《唐書》的人員，為朝廷館閣中的多位飽學之士，其中最重要的便是歐陽修和宋祁二人。

宋祁，字子京，雍丘（今河南商丘）人，莒國公宋庠（字公序）之弟。宋祁與兄長宋庠為天聖二年（一〇二四年）同榜進士，並有文名，時稱「二宋」。

至和元年（一〇五四年）七月，仁宗催促眾臣「速上所修《唐書》」。為與《唐書》區別開來，遂將其命名為《新唐書》。《新唐書》所依據的唐人文獻及唐史著作均審慎選擇，刪除其中的讖緯怪誕內容。

草稿初成，呈仁宗御覽。仁宗審閱之後，發現這部史書出於多人之手，體例與文采均不盡相同，於是令歐陽修主持，刪改潤飾為一體。

在歐陽修統籌全稿的過程中，他發現「列傳」部份的主筆宋祁，總喜歡用些生僻字眼。從年齡、資歷上說，宋祁乃歐陽修的前輩，歐陽修不便當面說他，只好委婉諷勸。某日晨，歐陽修在史館門上張貼八個大字：「宵寐匪禎，札闥洪庥。」宋祁來到，端詳半天，終於點頭笑著說：「不就是一句俗話『夜夢不祥，書門大吉』嘛，至於書成如此嗎？」歐陽修笑道：「我是在模仿您修《唐書》的筆法呢。您所書『列傳』，連『迅雷不及掩耳』這句大白話，都要寫成『震霆無暇掩聰』。」

宋祁歷時十餘年完成「列傳」部份，於嘉祐三年（一〇五八年）交齊稿子。歐陽修雖一直未曾懈怠，但至和元年（一〇五四年）才由地方調到朝廷任翰林學士，主持修史工作，等到他寫定「本紀」、「贊」、「志」、「表」，以及各部份的「序」，已是嘉祐四年（一〇五九年）年底的事了。

跨過年去，嘉祐五年（一〇六〇年），由樞密使曾公亮掛名主編、歐陽修主修、宋祁主筆的歷時十七年的二百二十五卷編年體官修《新唐書》全部完成。曾公亮上仁宗皇帝表言「其事則增於前，其文則省其舊」，認為這是本書勝過《舊唐書》之處。《新唐書》紀次得當，敍事簡練，文情並茂，於體例上更首次增加〈兵志〉、〈選舉志〉等，系統論述唐代府兵等軍事制度及科舉制度。《新唐書》由歐陽修完成的志，相當精彩，比如〈兵志〉附以馬政，原有的〈天文志〉和〈曆志〉篇幅超過《舊唐書》三倍。新書載有文武百官的俸祿制度，為舊書所無。又有屯田、邊鎮、和糴等，皆舊書所無。《新唐書》又恢復立表，新增〈宰相表〉、〈方鎮表〉、〈宗室世系表〉、〈宰相世系表〉。歷代官修正史，表多缺略。

就整個《新唐書》的纂修而言，應當說，歷時十七年的修史工作，前十年以宋祁為主編修，後七年歐、宋共同「刊修」。

以歐陽修遠祖、大書法家歐陽詢傳中兩則為例，我們來看看新舊《唐書》遣詞用句的區別：

《舊唐書》——

雖貌甚寢陋，而聰悟絕倫……高祖歎曰：「不意詢之書名，遠播夷狄，彼觀其跡，固謂其形魁梧耶！」

《新唐書》——

貌寢侻，敏悟絕人……帝歎曰：「彼觀其書，固謂形貌魁梧邪？」

意思是說，歐陽詢長得醜，卻非常聰明。唐高祖李淵歎息說：沒想到他的書名遠播夷狄。你看他的書法，一定會以為他是個高大魁偉的人吧？

對於歐陽修傾慕的顏真卿的書法成就，新舊《唐書》都只有寥寥幾筆。《舊唐書》僅用三個字寫他：「尤工書。」《新唐書》說顏真卿：「善正、草書，筆力遒婉，世寶傳之。」用了區區十二個字。因為列傳部份不是歐陽修主筆，所以他不便置喙。不過，在自己文章中，他多次盛讚顏真卿，這樣評價：「顏公書如忠臣烈士，道德君子，其端嚴尊重，人初見而畏之，然愈久而愈可愛也。其見寶於世者有必多，然雖多而不厭也。」

最後，《新唐書》署「歐陽修、宋祁撰」，被後世奉為二十四史之一。

參知政事

嘉祐六年（一〇六一年），歐陽修擔任參知政事（副宰相），輔佐首相韓琦。他身上的擔子更重了。

這天，歐陽修的學生蘇軾、蘇轍兄弟二人同來拜望恩師，蘇軾眉飛色舞，給歐陽修講了一個笑話。

慶曆八年（一〇四八年），四十二歲的歐陽修離開滁州，移守揚州。到揚州後不久，歐陽修看中城郊蜀岡中峰大明寺西側的一塊地，便命屬下在那裏修建了一座樓宇。這所房屋因所踞地勢甚高，天氣晴好，江南諸山盡在檻前，因而歐陽修為其命名曰「平山堂」。堂前，他還親手植下了一株柳樹。

八年之後，嘉祐元年（一〇五六年），歐陽修好友劉敞，調任揚州知州。

劉敞世家出身，學識淵博。歐陽修在史館主持校書修史時，每有疑問，便要寫封書信派人送與劉敞求教，劉敞揮筆作答，從無拖延；又因歐陽修喜愛金石碑帖，劉敞亦喜收藏，正是此中方家，歐陽修更不時向其請教。

聽說劉敞要去揚州，歐陽修為好友設宴，一是想要表達自己的感激之情，二是他感念多年不得見的平山堂前，自己昔日種下的柳樹恐怕早已成蔭？因此即興賦成一首〈朝中措〉以送劉敞。詞曰：

平山欄檻倚晴空，山色有無中。手種堂前垂柳，別來幾度春風？　文章太守，揮毫萬字，一飲千鍾。行樂直須年少，尊前看取衰翁。

「文章太守，揮毫萬字，一飲千鍾」，得到歐陽修這樣的稱讚，劉敞內心歡喜，不必細表。

此詞一出，看熱鬧的，抬轎子的，不服氣的，各色人等，紛紛登場。

有人說，化王維詩句「江流天地外，山色有無中」可說無痕，歐陽學士大手筆。有人說，平山堂前柳，而今當地人將其稱為「歐公柳」。種棵柳樹都能使之成名，能做到的也只有歐陽修了。

有人說，明明第一句是「平山欄檻倚晴空」，既然晴天，哪來「山色有無中」？應該改為「山色分明中」。歐陽修必是眼神不濟。

歐陽修聽學生蘇軾講來這些，哈哈大笑。抹鬍說道：「也沒錯，老夫而今五十五，實是年老眼花嘍。」

在揚州，歐陽修依舊如同在滁州一般，施行寬簡之政，安民不擾。要說歐陽修這人嘛，外表剛強，行事剛猛，為人不知轉彎抹角，內心卻十分柔軟。加之母親時常在身旁嘮叨，要他仿效父親，斷獄務必從寬，犯下死罪的，只要沒有殺人，在法律允許的範圍內都不執行死刑。他後來移知潁州亦是如此，施行一系列寬政愛民之策，贏得百姓交口稱讚。

知揚州時，入夏，歐陽修每攜客人至平山堂中，必派人採來荷花，插到盆中。請客人手捧荷花相傳，傳到哪位，哪位就摘掉一片花瓣，摘到最後一片時，須飲酒一杯，作詞一首。

風雅如此，往後，好多人便拿歐陽修詞句「文章太守，揮毫萬字，一飲千鍾」來讚他。

蘇軾說：「如果作詩，句句求真，連老師您化用前人詩句都不明白，還談什麼『平山欄檻倚晴空』？」蘇軾時站時坐，說話間，頭巾一揚一揚。

其弟蘇轍穩重坐著，微微含笑，未說話。

蘇軾兄弟走之前，歐陽修贈別二人：「以言被黜，便是忠臣。你二人而今正式走上仕途，要記住，寧鳴而死，不默而生。讀書為官，要有擔當，不能做縮頭烏龜，不可作慼慼之文。」

蘇軾將離京外任；蘇轍請求在京侍養父親，獲朝廷恩准。蘇軾是日來，便是向恩師歐陽修辭行的。

本年，二十五歲的蘇軾和二十三歲的蘇轍兄弟二人經歐陽修推薦，參加制科考試，即通常所說的「三年京察」。蘇軾入第三等（一二等為虛設，三等即為第一），其弟蘇轍為四等。蘇軾為「百年第一」，授大理評事、簽書鳳翔府判官。

歐陽修和韓琦日理萬機，不得閒暇。另一宰輔富弼丁母憂，返鄉居喪。

是日韓琦告病，散朝，仁宗讓歐陽修留下。

見歐陽修盯著桌上自己所書、若干張的大字「褒忠之碑」看，仁宗說道：「執中不欺騙朕。」

歐陽修看著聖上，目光溫和明淨。想說聖上也不容易，又得有能幹的臣下輔佐，又得防著太能幹的臣下；想對臣下講兩句知心話，又不可能對臣下講什麼知心話。可他終究什麼也都沒說。

陳執中曾先後兩次為相，逝後謚為「恭」，世稱陳恭公。桌上「褒忠之碑」，便是仁宗為嘉祐四年（一〇五九年）離世的陳執中所賜御筆。陳執中素來不喜歐陽修，其知陳州時，歐陽修自潁州移南京應天，路過陳州，前去拜望，陳執中拒而不見。後來歐陽修還朝做翰林學士，陳為首相，歐陽修遂不造其門。

因政見不同，歐陽修屢屢上疏彈劾陳執中。陳執中遭貶罷相，出知亳州，仁宗命歐陽修為其擬官誥。陳執中心想：完了，不知這下歐陽修會將我寫得多麼不堪。等他拿到制詞，定睛一看，見上面寫有駢對一副：「杜門絕請，善避權勢以遠嫌；處事執心，不為毀譽而更守。」——陳執中這人呀，遠避權勢，守身如玉；不以物喜，不以己悲。陳執中這下大大驚喜，說老天爺啊，就是跟我從小一起長大的、相交甚深的人都不能完全瞭解我的這些優點，怎麼他歐陽修會懂得？我恨不能跟這個人早些相交呀。陳執中將歐陽修所擬任命書「複製」下來，送給他的幕僚，說，好好看看，學學，無論為文為人。

仁宗遞過一本奏章給歐陽修，命他，這是知諫院司馬光上疏請求早立儲君的奏議，請愛卿酌情處理。

為繼嗣問題，司馬光前後向仁宗上奏疏百餘份；而首相韓琦，卻是歷年來催促仁宗立儲君最為急切的一位。

仁宗趙禎雖親生過兒子，卻未成年而早夭，因慮及身後恐無子繼承大統，因而景祐二年（一〇三五年），年近而立的趙禎將堂兄濮安懿王趙允讓第十三子，時年三歲多的侄子趙宗實接入皇宮，交給曹皇后撫養。

寶元二年（一〇三九年），仁宗次子趙昕（豫王）出生，趙宗實遂離宮回到生父趙允讓身邊。

後來，兩名兒子又盡皆早夭，仁宗卻不著急了。眼看著聖上身子一日不如一日，臣子們心急如焚，無計可施，只好一再上疏。

是日得到仁宗所交代令中書省議定立儲大事，歐陽修打算去集賢院，找王安石談談，將命他來起草這個文件。

他和王安石相識於早年，歐陽修那時尚在館閣。學生曾鞏隨他讀書，向他推薦江南西路同鄉、撫州臨川人王安石，說這是一個難得的人才。

王安石作為學生，謙虛，又桀驁不馴。初見，他便對歐陽修侃侃而言：「老師，學生以為，寫文章是要讓人看明白的，不是為了讓人看不明白而玩弄辭藻，故弄玄虛。簡明，扼要，斬釘截鐵，為文為人當如此。」

歐陽修深深記住了這個名字。

翰林風月三千首，吏部文章二百年。

老去自憐心尚在，後來誰與子爭先。

臨別，歐陽修賦詩以贈。

王安石回到家，亦鄭重其事寫詩謝老師厚愛：「他日若能窺孟子，終身何敢望韓公。」老師，將來我若是能夠初窺堂奧，懂得一點學問，也始終不敢跟韓公相比啊。他將歐陽修比作韓愈一樣的道德君子、文章宗師。

歐陽修對門人笑道：「王介甫理解錯我的意思了，我詩中用典，乃指謝朓為尚書吏部郎，沈約寫信給他，誇讚謝朓詩文，說二百年來無此作也。如果是韓吏部，那到現在何止二百年呢？」

當即有人傳話給王安石，意思是嘲笑王安石，說你讀書不精，才疏學淺哪，竟然不知沈約之語而誤讀歐公之句。王安石笑道，歐公謬也。學生自然知道老師最愛韓吏部。又輕輕說道，昔日孫樵上韓愈書，即有「二百年來無此文」的稱頌之語，莫非歐公不知道耶？自古及今，慣稱韓愈為韓吏部，稱謝朓為謝吏部者絕少。搖頭歎曰：歐公讀書，未臻化境；儒者泥古，不知變通。非治世之能臣也。

年初，歐陽修一再向韓琦舉薦王安石，王安石目前直集賢院、知制誥。

臨走時，仁宗對歐陽修說道：「歐陽愛卿，富愛卿不在朝廷，朕欲為國家選擇一名做宰相的人才，請愛卿說幾個名字來聽聽。」

歐陽修說：「托聖上洪福，國家人才濟濟。微臣以為，三人具宰相之才：呂公著、司馬光和王安石。」

仁宗說：「呂公著，不是老相呂夷簡的兒子嗎？」

歐陽修說：「正是。」

集古出新

轉眼，已是嘉祐八年（一〇六三年）秋，一群人正聚集室內談話。

蔡襄讚道：「永叔而今筆墨，多了些金石之氣。」

歐陽修沒有答話，只是深深歎了口氣。

欲取鳴琴彈，恨無知音賞。新書寫成，可是他的幾位摯友，謝絳、尹洙、梅堯臣，卻再也見不著了。

人生得一知己足矣，更何況同時得到三五個？

他又深深歎了口氣。

謝絳善評文章；尹洙辯論精博；梅堯臣詩歌，「有宋第一」。三人皆是世間難得的君子。每當歐陽修有點好事情，譬如像今日，《集古錄》書成，三人必定歡呼雀躍，比自己家中有了喜事還要高興。他寫成新作，這幾人必爭先伸紙疾讀，常常將他文章中的深意廣而告之世人；讀他的文章，時有新見，對好些道理的闡釋發揚更是連他自己都未曾想到。

「友直友諒友多聞。我與永叔，又何嘗不是一輩子的朋友？」見歐陽修不說話，蔡襄望著他的眼睛，輕聲說道。蔡襄而今主管財政，為朝廷三司使。

最近，新皇英宗又給參知政事歐陽修壓擔子，命他提舉三館並祕閣寫校書籍，全面主持校書修史工作。

歐陽修整日忙碌，不得休息。人愈加瘦小，就要撐不起官袍。好在一雙眼睛，依舊精光逼人。

是日，他路過館閣，無意中聽到館閣中人正在議論他。

一個說：「老兄，你我二人偷偷談論幾句，想必不會傳到歐陽副相的耳朵裏去吧。要我看嘛，歐陽副相這人，為人剛直，卻德行稍欠，刻薄有加，寬容不足。」聽聲音，好像是他的學生、嘉祐二年（一〇五七年）他任主考官時錄取的進士蔣之奇。

另一個說：「歐公是有些脾氣。可是，若無點個性，怎會成為歐公？再說，都如我這般泥古不化，天下人便都是一模一樣了。歐公獎引後進，如恐不及，若無胸懷，怎可做到？」聲音老成，像是他的學生曾鞏。

他站在廊間，靜默良久。

歐陽修文章錦繡，為人卻耿介率直，放達不羈。而今年老，依舊是愛憎分明。多年為官，樹敵無數，屢遭同僚詬病圍攻。幾起幾落，每當他離開朝廷太久，仁宗就會想念他。

若說到獎掖後進，他實是問心無愧。對學生蘇軾，從無耳提面命，自認關心不夠，但蘇軾那樣的人，怎會甘居人後？怎會是籠中之鳥？作為身處高位的師尊，只要不壓著他，放他出人頭地，便是最大的支持和幫助了。

曾鞏文章不豔，平和，大概和其個性沉穩相關。蘇軾則是滿目錦繡，文華飛逸之外，才勝於學。

這些學生當中，最像我的，還是曾鞏吧。

歐陽修酷愛收集金石碑版，學生曾鞏亦是。

起初，曾鞏崇拜歐陽修，真沒其他想法，不過是單純欽慕歐陽修的操行，喜歡歐陽修的文章。寫成〈上歐學士第一書〉，在信中表明，我曾鞏絕不是隨波逐流之人，也不是攀枝附葉的小人：我家世代都是讀書人，不懂得從事別的職業。學生自幼及長，努力於文字之間。從記事時候起，得到您的文章，便口誦心記，認真學習。他渴望能夠拜歐陽修為師，懇請老師收下他這個學生。

歐陽修遭貶，曾鞏專程前往滁州看望恩師。二十多天裏，師生二人日日促膝談心。往後，曾鞏常跟人說起，這二十幾天，猶如二十年飽讀詩書，讓其受益匪淺。一日，師生二人散步來到「醒心亭」，歐陽修說：「曾鞏，你不妨寫一篇〈醒心亭記〉給我看看。」曾鞏依照恩師的命題很快寫出來，交給恩師，歐陽修看後滿意稱讚：「寫得好。」

嘉祐二年，曾鞏考中進士。在地方幹了幾年之後，歐陽修便將其調回館閣，輔佐自己編修《新唐書》。

安穩平和之人最宜修史。正如曾鞏在〈墨池記〉中所說，王羲之的成功，並不是天生的，也是靠後天努力和汗水得來的。歐陽修想著學生曾鞏和自己同樣的、一路走來的艱辛和努力，微微頷首。

這天，他邀至交蔡襄等相聚於家中，蔡襄為他的《集古錄》作序，他則為蔡襄的《荔枝譜》題跋。

幾名學生、晚輩圍著觀看。

歐陽修長子歐陽發拿著蔡襄所書《荔枝譜》，連連稱讚說：「蔡公是書含蘊溫雅，一以貫之，膏潤無窮，實是世間難得的小楷佳作。」

蔡襄兒子蔡旬卻說：「歐公題跋，端莊秀勁，稍露鋒芒又頓挫有力，書體新麗，自成一家。」

曾鞏道：「二位師長皆是流水行雲，運筆精謹，正所謂集古流芳。」

蔡襄指點評說：「永叔《集古錄》筆勢險勁，尖筆乾墨，卻書成方闊雄偉。不過，這乃是十分自然之事，永叔本身編纂的是金石學著作，字裏行間，不免沾染許多的金石氣息。」

蔡旬又指著其中一段說道：「伯父此段跋記，詳細介紹陸羽生平故事，乃其完整小傳，正與家父《茶錄》相表裏。伯父摘錄史料，考訂補正，傳道說理，以惠我輩學子，以惠後人多多。字書剛健峭拔，不與流俗，亦是法書典範。」

歐陽修斂容：「呵呵，你父親蔡君謨跟前，我不敢說我能書也。」

蔡襄說道：「永叔之好，正在無心為好、無絲毫刻意。」又娓娓對晚輩訓誡，一般人學書，只重筆墨，徒求形似。他們哪裏知道，學書人要胸中有書，又要胸中無書。胸中有書，是指要如同伯父永叔一般，「馬上、枕上、廁上」，讀得百萬詩書；胸中無書，亦是要如同歐陽伯父一般，不要太看重筆墨外形，應有內涵，有自己主張，知白守黑，知榮守辱。

眾人點頭。

歐陽修拿著《荔枝譜》小楷書說道：「君謨書得魏晉平正雍容，無絲毫醜怪，無有積習。書法，有個性不難，譬如我。難的是如君謨，守正出新。

「我跟君謨三十多年情誼了。我很幸運，君謨極少為他人書，就連先皇仁宗生前請為張貴妃寫墓誌銘，也推託說不合禮儀，不願著筆。對我卻是每求即書。個中真情，幾人能懂？」

蔡襄笑道：「歐陽永叔，自是不同。再說，你寫《牡丹譜》，我寫《荔枝譜》，既有情誼，又含風雅，亦惠農人。」

又對曾鞏溫言說道：「有其師，有其徒。永叔好藏書，好金石，你亦甚好。」

曾鞏對其師歐陽修，可謂亦步亦趨。歐陽修留心收集碑刻，收到韓愈文章真跡多篇，一一校訂韓愈文集謬誤，又收得韓愈親筆〈唐田弘正家廟碑〉碑拓，收入《集古錄》，在其後跋曰：我家藏書萬卷，唯有《昌黎集》是我考進士前得到的，最是舊物。……唯獨我家的版本經過多次校正，時人共傳，版本最好。

曾鞏亦珍藏古籍達兩萬餘冊；又學歐陽修，留心收集金石碑拓。已集成五百卷，預備刊刻，請恩師歐陽修為其題寫書名，擬命名為《金石錄》。

「前些日子我為儀國公（宰相韓琦，字稚圭，新封儀國公）所作〈晝錦堂記〉，今日依然要請君謨用大字楷書來完成。」歐陽修對蔡襄說道。

蔡襄答：「韓稚圭正如永叔所言，德被生民，而功施社稷，就怕我寫來未能如意。」又歎息道：「當初慶曆年間共事幾人，范文正公離世多年，韓稚圭亦老去。我和你，也都是白髮衰翁了。」

歐陽修說：「焉能不老？不老便成妖了。」

歐陽修收藏輯錄多年的金石學著作《集古錄》終於完成。此書乃歐陽修多年身處館閣，公職之便，廣泛觀覽公私收藏，更請朋友於各地留心收集，集錄歷代金石拓片達千卷而成。他欲將此些可正史學缺誤的作品，自題跋尾，集錄刊刻，凝縮為十卷，命名「集古錄跋」，簡稱「集古錄」。因國君新喪，不便舉樂，各人近來均是家居讀書。是日，特請蔡襄前來為其書寫序。

歐陽修是書，凡所收鐘鼎彝器銘刻，必摹勒銘辭原文，再附釋文於後，並儘可能簡述該器的出土、收藏情況、所屬年代及其間遺聞逸事等。凡石刻文字，也必考其立石原委，時代更迭，及所記史實的始末。

比如，對陸羽，便以跋記，為其書寫了一篇小傳，詳細介紹從前世人未知的陸羽身世，以及其寫作《茶經》，成為茶聖的經過。

因深切懷念洛陽故交摯友謝絳、尹洙、梅堯臣，在自序中，歐陽修表達了深深的思念之情：三君謝世，看不到集錄成書，真是太令人傷心了！

伶官入傳

是日，午後起身，歐陽修便一直在補寫好多年還未完成的《五代史記》。寫後唐李姓原本出於西突厥，因功賜姓李；寫李克用胼手胝足，起於亂世；寫其子李存勖寵溺優伶，喪身辱國；寫唐明宗雖廟號「明」，然「夷狄性果，仁而不明」……寫著這個剛過去不久，卻赤地千里、白骨露於野的亂世，他數度哽咽。

情緒稍稍平復，他再次提起筆來，寫下三個大字「伶官傳」。

後唐莊宗喜好俳優，又知音律，能作曲，至今汾、晉兩地俚俗，依然有很多人能唱他作的歌曲，叫做「御製」的，都是他的作品。他小字亞子，又字亞次。還為自己取了個藝名，叫做「李天下」。從他為王開始，到後來成為天子，常常和俳優在庭院中演戲，伶人因此得勢，導致亡國。

每回，寫著一個過去年代的人物，歐陽修都將自己置身其中，橫刀勒馬，笑對滾滾鐵騎；淺斟低唱，極目滔滔江水。他傾注了許多的感情，細描筆下這各有歡笑、各有苦痛的亂世群像，書寫著傳主的苦痛與甘甜，榮辱與悲歡。

夷狄之族，缺少文字，沒能實時記下重要人物的一言一行。那麼，這件事情，就交由我歐陽修來完成吧。

寫著李存勖，感念駕崩不久的先皇仁宗，燈下，歐陽修停住了手中之筆。這古往今來，君王，要論仁明寬厚，文質彬彬，還是得數我大宋聖主、先皇趙禎。

為人君，止於仁。

待臣寬厚，待己卻嚴，仁宗向來頗為自律、節儉。某年秋，有官員獻上蛤蜊。

聖上問：「由哪裏來的？」

答：「從遠道運來。」

又問：「需多少錢？」

答：「共二十八枚，每枚錢一千。」

聖上怒叱：「朕常常告誡爾等需節儉，現區區幾枚蛤蜊就得花費二萬八千錢！朕實在吃不下呀！」

他真的也就沒有吃。

歐陽修這才沒寫兩段，好友蔡襄笑迷迷站在眼前，拿起他的手稿來看。

唐祚不永，國家內亂，在中原地區，相繼出現了梁、唐、晉、漢、周幾個政權，統稱為五代，全是些短命而混亂不堪的王朝，共存五十餘年。其中，後漢最為短暫，享國不到四年。趙匡胤的父親，後被追尊為武昭皇帝、廟號宣祖的趙弘殷就在這些個走馬燈似更迭的王朝裏，靠著長槍短棒，拳腳功夫，在死人堆裏，討碗飯吃。——其初事後唐王鎔，有功，留典禁軍。後漢時任護聖都指揮使。入後周，以功累遷至檢校司徒，封天水縣男（所以，宋朝又稱「天水一朝」），與子趙匡胤分典禁兵。而後，趙匡胤繼承父志，勃鬱奮起，陳橋兵變，於後周幼主柴宗訓手中取得天下，定都汴梁（東京），建立宋朝。

蔡襄看過，說道：「如此為伶官作傳，讀之齒頰留香。今永叔即將封筆，就從前陸續所讀，要而論之，我以為，整部書稿，大含細入，悲情之厚重，詩意之濃烈，司馬子長之後，再未見到。

「書中標明立傳的人物有二百五十六人，其中故事生動，性格鮮明，給人留下深刻印象的，大約有五十人。帝王之中朱溫、李存勖等功業之篳路藍縷，遭遇之坎坷離奇，人物之生動鮮活，在永叔筆下，可謂一唱三歎。永叔每發議論總愛以『嗚呼』二字開頭，憤激感慨，飽含熱忱，愛憎分明。客觀嚴謹之中，充篇盈紙，乃弔古傷今之情。

「永叔所作，不同以往官修史書之刻板，採以太史公刻畫人物之細膩傳神，敍事波瀾跌宕，議論恰切精彩，既補充《舊五代史》中所無之史實，又以區別於前人之議論，筆調輕靈，引人入勝，幹練渾茫中時露詼諧幽默，讀之可謂汲引忘疲，獎題不倦。精彩、精要、精到，將來修成，不妨命之曰《新五代史》？」

歐陽修點頭：「深謝君謨。我自撰《五代史記》，勉力做到法嚴詞約，多取孔子《春秋》遺旨，欲以出新。」

他放下手中筆墨，走出，立於廊間，望向暗夜深處，歎道：「嗚呼！五代之亂極矣！」

宋立國近百年，戰亂已遠，世間歌舞昇平。街市繁華不說，東京城瓦子勾欄，時常讓人忘了今夕何夕。

說話、雜劇、套曲、百戲……從宮廷樂舞到民間說唱，縉紳高官到普通士民，無不沉迷其中。伶人水袖，優孟衣冠，佔據著舞台，吸引著大眾。戲子不以為恥，反以為榮。真宗后劉娥，便出身於優伶。

歐陽修已極少填詞了。他漸漸懂得晏殊，明白為官之人、為高官之人，一舉一動，尤其不可以隨心所欲。過去他張狂自大，瞧不上老師持重內斂，認為晏殊做張做勢，喬模喬樣，往往作詩諷詠。

唉！有的事，譬如作詞寫詩蹴鞠，偶一為之可以，太把它當回事，恐怕只會帶來禍害。

他之所以提筆寫伶官，老實說，心中是隱隱有些擔心的。國家興衰敗亡不由天命而大多取決於「人事」，執政者不能不居安思危，防微杜漸，力戒驕侈縱慾呀！

〈伶官傳〉中著力刻畫的後唐莊宗李存勖是五代十國中最著名的武將皇帝，其輔佐父親李克用以兵起家，在位短短幾年，併岐國，滅前蜀，得鳳翔、漢中及兩川之地，震動南方割據諸國，為五代諸君中最有可能統一天下的一個。但是這位出身「夷狄」的皇帝有個愛好：唱戲。還給自己起個藝名「李天下」。

某天，李存勖與眾伶人在庭堂中戲耍，他假裝看看四面，大叫：「李天下，李天下在哪？」

敬新磨（李存勖最為寵愛的一名伶人）向前，用手狠狠抽打莊宗臉頰。莊宗變了臉色，左右及眾伶都很害怕，一起抓住敬新磨責問說：「你怎膽敢抽打皇上的臉頰？」

敬新磨回答說：「李天下，世間只有一個，那麼，你（莊宗）叫誰呢？」於是左右都笑了。莊宗大喜，重重賞賜敬新磨。

好唱戲也沒什麼，李存勖還格外寵幸伶人；寵幸也就罷了，他還給了這群人無比的榮華富貴；給賞賜也就罷了，他還動輒給伶人封官、封州郡，給他們無上的權力。最後，他亦死在自己最為寵幸的伶人手中。

歐陽修輕聲說道：「我著力寫伶官，無非是想說明，『憂勞可以興國，逸豫可以亡身』。再就是，『禍患常積於忽微，而智勇多困於所溺』。」

他飲下一口茶，接著說道：「《五代史記》雖是私修，亦屬不易，自景祐三年（一〇三六年）著手編撰，到皇祐五年（一〇五三年）大抵完成，前後卻是一十八年了。還有許多不足需進一步修正。」

蔡襄說：「如此浩大繁複的一項事業，能將其完成，殊為難得。」

歐陽修捋鬍而笑，眼中星星閃耀：「發憤忘食，樂以忘憂，不知老之將至。」

主政青州

因遭學生蔣之奇等人詆毀，歐陽修憤而請辭，再到地方任職。

那年，好友蔡襄送他一方青州紅絲硯，說是比端州石還要好。他試用之後，認為蔡襄評價頗有溢美之詞。不過，這塊硯台石材上佳，製作精良，亦是案頭好物。

青州。他盯著桌上的紅絲硯，目光久久沒有離開。

渾濁的老淚，順著他的臉頰無聲落下。石硯猶在，送他此物的老友卻已不在人世。治平四年（一〇六七年）秋，歐陽修離開朝廷後不久，得到消息，蔡襄病逝於其故鄉——福建路仙遊（縣）楓亭（鎮），享年僅五十六歲。

和自己一樣，好友一生，太過操勞，太多磨難。「其生若浮，其死若休」，從此，他可以安然長眠於地下了。

因坊間傳說蔡襄曾上書仁宗反對立英宗為太子，所以神宗登基，秉承父志，一違古禮，沒有為這位正三品高官賜下謚號。歐陽修在朝廷，自身難保，只能默默派人前往莆田弔唁，並為好友寫下墓誌銘。

歐陽修這些年捲入朝廷黨爭，也是身不由己。

仁宗無子，英宗登基，新皇面對的第一件事情，便是他的老爹濮王該怎麼稱呼。

英宗親政僅半個月，宰相韓琦、參知政事歐陽修就聯名向英宗提議請求朝廷有關部門商議英宗生父的名份問題，他們認為應該稱濮王為「皇考」——考，父親也。以英宗私心而言，韓琦、歐陽修等的提議正合其意。其時仁宗逝世已有十四個月，英宗因心中有鬼，一直拖著，批示等過了仁宗大祥再議，也就是待滿二十四個月再說。治平二年（一〇六五年）四月，韓琦等再次提出這一議題，於是，英宗詔命將議案送至太常禮院，交兩制（翰林學士與中書舍人）以上官員討論。由此引發了一場持續十八個月的論戰，這就是北宋史上有名的「濮議」。

以王珪為首的兩制官員認為，濮王於仁宗為兄，英宗應稱其為皇伯，並請求英宗將兩種方案都提交百官討論。出乎英宗以及韓琦、歐陽修等意料，百官對此反應極其強烈，大多贊同兩制官員的提案。仁宗后、曹太后（慈聖光獻皇后）聞訊，親自起草懿旨，嚴厲指責韓琦等人，認為不應當稱濮王為皇考。

治平三年（一〇六六年）的一天，中書大臣共同議事於垂拱殿，當即議定濮王稱皇考，由歐陽修親筆擬定兩份詔書，一份呈皇上。中午時分，太后派一名宦官，將另一份封好的文書送至中書，韓琦、歐陽修等人打開文書，相視而笑。這份文書正是歐陽修起草的詔書，不過是多了太后的簽押而已。太后一直與養子英宗不和，這一次竟不遵禮儀，不顧群臣反對，尊英宗的生父為皇考，著實令人費解。

塵埃落定，韓琦、歐陽修作為勝利一黨，該高興才是。但歐陽修卻無論如何高興不起來。

之前，曹太后秉政，與英宗不和，歐陽修和韓琦深感憂慮，不停奔走於兩宮之間，說合，勸諫，勞心費神，終於化解危機。這回，他們一心一意擁戴英宗，為的是樹立君主威權，但從此之後，怕是要與反對派結下樑子了。

我歐陽修在人們心目中，難免成為佞臣一名，可謂晚節不保。唉！

他又想起年輕時候，被貶夷陵故事。安慰自己說，怕啥？我老了，血卻依然是暖的。

他的確老了，背傴僂，目昏花，一身是病，只有脾氣依然如故。

沉思間，僕人來報，臨淄縣令蔣之儀前來拜見。

蔣之儀拱手，屬下來謝歐公成全，並為愚弟賠個不是。

歐陽修哈哈大笑，莫非閣下身處公堂，兄長有罪，還要連坐不成？

原來，蔣之儀是蔣之奇的哥哥。

臨淄屬青州管轄，歐陽修前來青州主政，蔣之儀如坐針氈。來之前，朝廷有人不喜蔣之儀為人，特意囑咐歐陽修尋個不是，伺機修理蔣之儀一番。歐陽修來到，多方考察，認為蔣之儀是一名不錯的官員，於是非但不從權貴所囑，反而上奏，對蔣之儀盡力保全。

新皇神宗為擺脫王朝所面臨的政治、經濟危機以及遼、西夏不斷侵擾的困境，召見王安石。王安石提出「治國之道，首先要確定革新方法」，敬請神宗效法堯舜，簡明法制，銳意變革。

離開朝廷之前，歐陽修上疏，力薦司馬光「德性淳正，學術通明」，為的是在朝廷中埋下一顆可以和王安石相抗衡的種子。

熙寧三年（一〇七〇年）二月初，神宗繼任用司馬光為翰林學士、御史中丞之後，更擢拔司馬光為樞密副使。司馬光因與王安石政見不合，以「不通財務」、「不習軍旅」為由，堅決推辭，從十五日到二十七日，連上五封札子，自請離京，遂以端明殿學士知永興軍（今陝西西安）。

「白首歸田空有約」，是年五月，詔知青州歐陽修不聽朝廷指揮，擅止散青苗錢，特放罪。

對於這件事情，還得從頭說起。

靠種地為生的農民，一年最苦莫過於青黃不接的春季，好多窮苦人家，難免斷炊。

官紳富戶往往在這個時候借高利貸給農民，往後，便多有因還不起利滾利的高額借貸而家破人亡的。

王安石為鄞縣知縣四年，「修水利、放青苗、嚴保伍、興學校」，政績有目共睹。即以「青苗」而言，當貧苦農民青黃不接時，他即將穀物貸給百姓，等產出糧食後加些利息償還，使（官倉中的）陳穀能夠換成新糧，鄞縣百姓深感方便。後來由他主持的「青苗法」，便是把鄞縣經驗推向全國。

小地方做法雖好，推向全國，便有些問題。朝廷上下，反對聲浪此起彼伏。司馬光上奏，青苗法由朝廷推行，事情很難做好。以前富戶因為有錢有勢，便可盤剝百姓；而今加上朝廷強推，縣官督責嚴厲，恐細民將不聊生矣。

幾名官員陸續反饋，推行青苗法，因政績考核要漂亮，各處提舉官爭先以多散為功；而按人頭比例發放貸款，有錢人家當然不願向政府借錢，而窮人想借卻又借不到。

歐陽修在青州，屢屢批評青苗法的利息與高利貸相較，是五十步笑百步。他亦仿效好友富弼，自行其是。

王安石作〈答司馬諫議書〉怒斥：這群書獃子，習慣於苟且。士大夫大多把不顧國家大事、附和世俗、獻媚討好當成好事，我王安石無暇計算敵之眾寡，欲全力輔助聖上以抵制這股歪風邪氣！

迫於情勢，神宗打算重新起用歐陽修為參知政事，問王安石說：「愛卿認為歐陽修和邵亢相比如何？」王安石答：「歐陽修高才，哪是邵亢能比的呀。」

再問：「歐陽修和趙抃比呢？」王安石答：「歐陽修亦勝過趙抃許多。」

又一日，神宗問王安石：「歐陽修和呂公弼（呂夷簡次子）比如何？」意思是欲以歐陽修替代呂公弼。王安石說：「歐陽修仍勝過呂公弼。」

再問：「和司馬光比呢？」王安石說：「歐陽修勝過司馬光。」

神宗遂決定起用歐陽修。王安石卻說：「陛下宜親自召對，跟他談論時事，仔細審察歐陽修這人究竟怎樣。」

神宗於是派遣內侍馮宗道，特賜歐陽修以宣徽南院使、知太原告敕，諭令他赴闕朝見。

過了些時日，王安石看歐陽修沒啥動靜，知道他必不會依附自己，奏道：「歐陽修這人嘛，雖說還算良善之人，但見事常多乖理。陛下若是重用歐陽修，歐陽修定會盡力煽動一些和他親近之人，擾亂陛下之大事，陛下務必首先除去此輩。」

神宗問：「這些人指誰？」王安石沉思良久，奏道：「歐陽修喜歡有文華之人。」意思是指蘇軾、曾鞏等。

神宗便不再說話。

過了一夜，王安石想想，上朝時又急急奏道：「陛下欲用歐陽修，歐陽修所見多乖理，恐耽誤陛下的改革大計。」

神宗說：「可是現在朝廷無人可用呀。」

王安石回答：「寧用尋常人，不用梗者（有刺的，與眾不同的）。」

神宗說：「也必須要用肯做事的人。」

王安石回答：「肯做事固然很好，若是他做的事情跟常理相背，便不好；再說，陛下每做一件事難免被眾臣議論，若是因之受到牽制，便失去了做事的良機。此皆是臣下所以不能不替陛下事先考慮的。」

神宗下詔：等歐陽修人到了再慢慢議定。

於是王安石抓緊時間，力阻歐陽修進京。

秋七月，神宗下詔，新判太原府歐陽修罷宣徽南院使，復為觀文殿學士、知蔡州（今河南汝南）。

歐陽修以多病數上奏章請求致仕，神宗不許。

王安石再稟神宗，歐陽修附麗韓琦，以韓琦為社稷之臣，並屢屢攻擊新法。如此人，與一州則壞一州，留在朝廷則附流俗，壞朝廷，陛下您必令留之何用？

神宗深以為然。

歐陽修心灰意冷，到蔡州後，凡寫文章，署名由「醉翁」改為「六一居士」。

潁水之濱

平生為愛西湖好，來擁朱輪。富貴浮雲，俯仰流年二十春。　歸來恰似遼東鶴，城郭人民。觸目皆新，誰識當年舊主人。（〈採桑子〉）

這首詞中的西湖，不在杭州，而在潁州（今安徽阜陽）城西北二里。此湖長十里，闊二里，有煙波浩渺之致。

熙寧四年（一〇七一年）六月，歐陽修以觀文殿學士、太子少師致仕（即退休）；七月，歸潁州。

幾度來潁，這回，他是真真歸去兮，再也沒有離開。

吾老矣，世界是王介甫他們的了。

熙寧二年（一〇六九年）九月，參知政事王安石、樞密使陳升之主持制置三司條例司，頒佈施行青苗法，亦稱「常平新法」，將常平倉、廣惠倉的儲糧折算為本錢，以百分之二十的利率貸給需要的百姓，以抑制民間高利貸盤剝，吹響新法之第一聲號角。熙寧三年（一〇七〇年），時年五十歲的王安石於本年十二月，拜同中書門下平章事、史館大學士，與韓絳並相，立保甲法。新法雛形漸成。熙寧五年（一〇七二年）春，王安石行市易法等，設市易機構，以官錢作本，收購市上的滯銷貨物，政府直接參與市場交易。熙寧變法如火如荼。

對於新法的好或者不好，歐陽修當然不可能如同他的學生蘇軾一般，慷慨激昂，作詩諷詠，或者時常與人議論爭辯。對於看不明白的事情，三緘其口，保持沉默，或者變相牴觸，虛與委蛇，並不積極執行。政事、人物，他看得沒錯，學生曾鞏、曾布兄弟二人，還是要來得老練些。而章惇雖說筆墨文章不如蘇軾，卻也是天下難得的人才。他對自己嘉祐二年（一〇五七年）知貢舉時所錄取的諸多人才，真是滿意極了。想必歐陽修此生，並沒有辜負先皇、聖上、國家和人民對我的期望。未來，就交給這群年輕人吧。

我已經不願意，或者說沒有資格對世事指手畫腳了。

站在潁水河畔，「夜深風竹敲秋韻」，笙歌散盡，萬葉千聲，皆成往事。

「吾家藏書一萬卷，集錄三代（夏商周）以來金石遺文一千卷，有琴一張，有棋一局，而常置酒一壺……以吾一翁，老於此五物之間，是豈不為六一乎？」

是的，六一居士，人生不過如是。在這天地間，我也不過僅只留下這區區的「六個一」。六十六年光陰走過，能帶來些什麼呢？又將帶走些什麼？或許最終，什麼都帶不走。

他走入室內，竹影輕移榻上。他坐上床榻，悠悠撥動琴弦。這是母親留給他的紀念物。母親離去，已是二十年整。

熙寧五年（一〇七二年）七月半，中元節。

他彈奏起母親教給他的曲子。不由想起剛到隨州那年，時逢中秋，也是如同今夜一般明亮的圓月吧？他剛滿五歲，便跟隨母親學琴。

「眾器之中，琴德最優。」母親目光嚴厲，嚴厲中又帶著幾分溫柔，幾分淒婉。

他又想起那年，被貶到夷陵，心中好生鬱鬱，又是母親的開解，讓他走出低谷。

他的眼淚流了下來。

今夜瀧岡的明月，可曾依依相伴您的墳前？

那年，他將母親安葬於父親身邊，故鄉江南西路的一座小山崗（名為瀧岡）之上。並於熙寧三年（一〇七〇年）、父親去世六十年之後，作〈瀧岡阡表〉，以哭父母——

「修不幸，生四歲而孤。太夫人守節自誓，居窮，自力於衣食，以長以教，俾至於成人……」

我不幸，四歲便沒了父親。是我的母親，立志守節，居於貧窮，靠自己的力量操持生活，養育我教導我，使我長大成人。

他又想起先後逝去的兩位夫人，負陰抱陽，一如明月，相隨終生。多麼美好的女子呀，歐陽修何德何能，能夠得以與她們今生相遇？

那年春天，他高中進士，騎馬遊行整日，可謂風光至極。胥氏還不到十六歲吧，新婚之夜，她笑微微抬起頭來，頭上插了一朵鮮紅的牡丹。窗外，花氣襲人，把夜染成香濃。

恩師胥偃逝去多年，晏殊也離世近十八年。想到恩師胥偃和范仲淹的恩恩怨怨，想到自己和晏殊之間說不清道不明的糾葛，歐陽修喃喃自語，兩位恩師，還是胸懷不夠吧。

歸潁之後，他取平生著述自編《居士集》五十卷。一篇文章經常看幾十遍，有時候好幾天還決定不了這篇文章到底要還是不要。他十分慎重，捨棄了致仕以後的詩文，也捨棄了全部詞作。

是去年冬天吧，他正端坐書房整理書稿，老妻薛夫人走進屋來，笑道：「夜深了，相公還不歇息？莫非害怕先生責罵不成？」

她真老了，銀髮正如屋外的飛雪，笑顏依舊是窗前的寒梅。她來我家，已是整整三十六年，貧窮經過，富貴有過，青春走過，幸福到過。

歐陽修笑答：「不怕先生罵，但怕後生笑。」

「孩兒如若將來有了出息，不可不慎終追遠。」

他對著空中，點了點頭，彷彿母親還在——

「果珍李柰，菜重芥薑。海鹹河淡，鱗潛羽翔。」母親緩緩說道，這句說的是，水果裏最珍貴的是李子和柰子——柰子，也叫花紅，又叫海棠果；蔬菜中最為重要的是芥菜和生薑。海水是鹹的，河水是淡的；魚兒在水中潛游，鳥兒在空中飛翔。孩兒，事事皆有學問在其中，昨日為娘跟你說了，吃飯時，不可將筷子插在飯上，那是祭祀先人的行為。也不要用筷子指著別人，更不要嘴裏含著飯說話，此些行為，都讓人感覺粗鄙、缺少家教。以筷子擊盞敲盅，更是飯桌上大忌，寓意窮困潦倒，十分不吉，定要避免。只因世上之人，唯有要飯的乞丐才用筷子擊打飯盆，發出聲響，再加以嘴中哀告：「老爺夫人，賞小的兩個吧，賞小的兩個吧。」

聽母親講得形象，他不由得「噗嗤」一聲笑出聲來。

他將平生閒適縱樂、沉迷個人情感的寫作，統統屏棄於著述之外。

將來蓋棺論定，這樣，或許會比較像樣吧？

挽救斯文，有所擔當，是一名大宋讀書人應有的使命感和終極追求呀。

歐陽修生平簡表

一〇〇四年（宋真宗景德元年）

閏九月，契丹大舉攻宋。宋遼議和立澶淵之盟。自此契丹與宋一百一十四年間無戰爭。

一〇〇八年（大中祥符元年）

真宗行封禪，祠孔子。

第一部官修韻書《廣韻》刊行。

一〇一〇年（大中祥符三年）

法蒂瑪王朝（中國史書稱綠衣大食）哈里發哈基姆下令摧毀耶路撒冷所有的基督教堂和猶太會堂。

一〇〇七年（宋真宗景德四年）

農曆六月二十一日（八月一日）寅時，歐陽修生。其父歐陽觀時為綿州軍事推官。

一〇一〇年（大中祥符三年）

歐陽觀於泰州軍事判官任上病逝。歐陽修叔父歐陽曄時任隨州推官，歐陽修母鄭氏，攜歐陽修前往投靠。家貧無資，歐母以荻畫地，教歐陽修識字。

一〇一三年（大中祥符六年）

《冊府元龜》成書。

丹麥國王「八字鬍斯文」率軍擊敗英格蘭國王埃塞爾雷德二世，自稱英格蘭國王，開創了丹麥王朝。

一〇一九年（天禧三年）

契丹與高麗議和，結束持續二十六年的高麗契丹戰爭。

一〇二三年（宋仁宗天聖元年）

北宋政府發行世界上第一種由政府發行的紙幣：交子。

一〇二七年（天聖五年）

命醫官院校訂醫書。

醫官院上所鑄腧穴銅人模型，一置醫官院，一置相國寺。

一〇一一年（大中祥符四年）

葬父歐陽觀於吉州吉水縣瀧岡。

一〇一六年（大中祥符九年）

居隨州。家益貧，借書抄誦。

一〇二三年（宋仁宗天聖元年）

應舉隨州，落第。

一〇二七年（天聖五年）

參加禮部試，未中。

一〇三一年（天聖九年）

白衣大食無子嗣，奧米亞王朝絕。哈里發改為選舉。

一〇三二年（明道元年）

夏王李德明卒，子李元昊嗣位，契丹冊封元昊為夏國王。

一〇三四年（景祐元年）

西夏王李元昊下禿髮令。

一〇二八年（天聖六年）

攜文謁胥偃，獲胥公賞識，被留置門下。

一〇二九年（天聖七年）

試國子監為第一。再赴國學解試，又中第一。

一〇三〇年（天聖八年）

參加禮部試，翰林學士晏殊知貢舉，歐陽修為第一。御試崇政殿，登二甲第十四名。

一〇三一年（天聖九年）

任西京留守推官。留守錢惟演，幕下多名士。與尹洙（師魯）、梅堯臣（聖俞）交好，時常探討古文、歌詩。娶胥偃女為妻。

一〇三三年（明道二年）

夫人胥氏卒，時生子未逾月。

一〇三四年（景祐元年）

任館閣校勘。再娶諫議大夫楊大雅女為妻。

一〇三六年（景祐三年）

野利仁榮製西夏國文字十二卷。

一〇三七年（景祐四年）

宋朝發佈科舉應試用的《禮部韻略》。

圖赫里勒·貝格在內沙布爾建立塞爾柱土耳其帝國。

一〇三八年（寶元元年）

西夏李元昊稱帝，國號大夏，年號天授禮法延祚。

一〇四〇年（康定元年）

曾公亮著成《武經總要》，這是中國第一部官修兵書。

一〇四二年（慶曆二年）

宋增歲幣與契丹議和。

丹麥統治英格蘭時代的末代君主哈德克努特卒。英格蘭擺脫丹麥人的統治。

一〇三五年（景祐二年）

妹夫張龜正亡於襄城，前往悼祭，並接妹妹共同生活。夫人楊氏卒。

一〇三六年（景祐三年）

作書切責司諫高若訥，降為夷陵縣令。奉母夫人赴貶所。

一〇三七年（景祐四年）

娶薛奎女為妻。叔父歐陽曄卒，往祭。

一〇三八年（寶元元年）

胥夫人所生子夭。

一〇四〇年（康定元年）

召還京師，復充館閣校勘。子歐陽發生。

一〇四三年（慶曆三年）

知諫院。歐陽修、王素、余靖同為諫官，致力改革。蔡襄受歐陽修等幾人舉薦，亦被仁宗任命為諫官，史稱「四諫」。

一〇四五年（慶曆五年）

降知滁州。子歐陽奕生。

一〇四六年（慶曆六年）

在滁州，自號醉翁。

一〇四七年（慶曆七年）

子歐陽棐生。

一〇四八年（慶曆八年）

知揚州。

一〇四九年（皇祐元年）

知穎州。子歐陽辨生。

一〇五〇年（皇祐二年）

知應天府，兼南京留守司事。約梅堯臣買田於潁。

一〇四九年（皇祐元年）

六月，契丹興宗攻夏國。儂智高起兵，徙安德州（今廣西靖西西北），稱「南天國」。

一〇五〇年（皇祐二年）

三月，契丹攻夏。九月，夏擾契丹邊境，被擊敗。十月請和於契丹。

一〇五一年（皇祐三年）

畢昇卒。據沈括《夢溪筆談》載：畢昇於慶曆年間發明活字印刷術。

一〇五二年（皇祐四年）

五月，儂智高圍廣州。七月，陷昭州。

一〇五三年（皇祐五年）

正月，狄青擊敗儂智高於邕州。

一〇五四年（至和元年）

詔封孔子後為衍聖公。

東西教會大分裂：基督教正式分裂成希臘正教與羅馬公教。

一〇五六年（嘉祐元年）

拜占庭帝國最後一位女皇狄奧多拉女皇卒。

一〇五二年（皇祐四年）

丁母夫人憂，歸潁州。

一〇五三年（皇祐五年）

自潁州護母喪歸葬吉州永豐之瀧岡，胥、楊二夫人一同歸葬。

一〇五四年（至和元年）

詔修《唐書》。遷翰林學士、兼史館修撰。

一〇五五年（至和二年）

以右諫議大夫出使契丹，充賀契丹國母生辰使。遼興宗殂，改充賀登位國信使。

一〇五八年（嘉祐三年）

王安石呈〈上仁宗皇帝言事書〉，請求變法。

一〇六一年（嘉祐六年）

亞歷山大二世成為第一任經由樞機主教選舉產生的教宗。

一〇六六年（宋英宗治平三年）

契丹改國號大遼。

法國諾曼第公爵威廉一世征服英格蘭，建立了英國歷史上的諾曼第王朝。

一〇五七年（嘉祐二年）

知禮部貢舉。本科錄取的人才有蘇軾、蘇轍兄弟，曾鞏等。

一〇五八年（嘉祐三年）

加龍圖閣學士，權知開封府。

一〇六〇年（嘉祐五年）

上新修《唐書》二百五十卷。拜樞密副使。

一〇六一年（嘉祐六年）

任參知政事。

一〇六七年（宋英宗治平四年）

知亳州。第三子歐陽棐登進士第。

一〇六九年（宋神宗熙寧二年）

王安石設立制置三司條例司。實行均輸法、青苗法、農田水利法。

一〇七〇年（熙寧三年）

王安石改革貢舉法，廢制置三司條例司，立保甲法，行免役法。

一〇七一年（熙寧四年）

塞爾柱土爾其帝國從法蒂瑪王朝奪得耶路撒冷。

一〇七二年（熙寧五年）

行市易法、保馬法、定方田均稅法。

一〇七四年（熙寧七年）

鄭俠上流民圖。

一〇六八年（宋神宗熙寧元年）

連上表乞致仕，不允。改知青州。

一〇七〇年（熙寧三年）

改知蔡州。更號「六一居士」。

一〇七一年（熙寧四年）

以觀文殿學士、太子少師致仕。居潁州。

一〇七二年（熙寧五年）

閏七月二十三日（九月二十二日），病逝。

一〇七四年（熙寧七年）

謚文忠，世稱歐陽文忠公。

嗨！有趣的故事

歐陽修

責任編輯：苗　龍
裝幀設計：盧穎作
著　　者：吳梅影

出　　版：中華教育
　　　　　香港北角英皇道 499 號北角工業大廈一樓 B
電　　話：(852) 2137 2338
傳　　真：(852) 2713 8202
電子郵件：info@chunghwabook.com.hk
網　　址：http://www.chunghwabook.com.hk

發　　行：香港聯合書刊物流有限公司
　　　　　香港新界大埔汀麗路 36 號中華商務印刷大廈 3 字樓
電　　話：(852) 2150 2100
傳　　真：(852) 2407 3062
電子郵件：info@suplogistics.com.hk

版　　次：2020 年 2 月初版

規　　格：16 開（210mm × 148mm）
I S B N：978-988-8674-50-3

本書繁體中文版由中華書局授權出版